4 séances de

>> **15** minutes

yoga

Louise Grime

Broquet

97-B, Montée des Bouleaux, Saint-Constant, Qc, Canada J5A 1A9,
Internet : www.broquet.qc.ca   Courriel : info@broquet.qc.ca
Tél. : (450) 638-3338   Téléc. : (450) 638-4338

UN LIVRE DE DORLING KINDERSLEY
www.dk.com

Catalogage avant publication de Bibliothèque et Archives
nationales du Québec et Bibliothèque et Archives Canada

Grime, Louise

    Yoga

    (15 minutes)

    Traduction de: 15 minute gentle yoga.

    Comprend un index.

    ISBN 978-2-89000-955-4

    1. Yoga, Ha tha. I. Titre.

RA781.7.G7414 2008   613.7'046   C2007-941915-1

Pour l'aide à la réalisation de son programme éditorial, l'éditeur remercie :
    Le Gouvernement du Canada par l'entremise du Programme d'Aide au
développement de l'industrie de l'édition (PADÉ) ; La Société de développement
des entreprises cullturelles (SODEC) ; L'association pour l'exportation du livre
Canadien (AELC).
    Le Gouvernement du Québec - Programme de crédit d'impôt pour l'édition
de livres - Gestion SODEC.

Titre original : *15 minute gentle yoga*

Pour le français (Québec) :

Traduit de l'anglais par Julie Duran
Matriçage : Studio Plasma — Vincent Cardinal
Composition multimédia : Studio Plasma —
    Pierre-Luc Paré
Narration : Dominique Dufour
Éditeur : Antoine Broquet
Adjoint à l'éditeur : Michel Joubert
Directrice artistique : Brigit Levesque

ISBN 978-2-89000-955-4

Imprimé en Chine

Chef de projet éditorial Helen Murray
Directrice artistique du projet Anne Fisher
Directrice artistique senior Peggy Sadler
Directrice éditoriale adjointe Penny Warren
Directrice artistique adjointe Marianne Markham
Directeur artistique Peter Luff
Directeur de la publication Mary-Clare Jerram
Photographe Ruth Jenkinson

Maquettiste Sonia Charbonnier
Contrôleuses de production Rebecca Short
Producteur éditorial Luca Frassinetti
Concepteur de la jaquette Neal Cobourne

DVD édité par **Chrome Productions**
www.chromeproductions.com

Réalisateur Sami Abusamra
Chefs opérateurs Marcus Domleo, Matthew Cooke
Cadreurs Marcus Domleo, Jonathan Iles
Directrice de production Hannah Chandler
Assistant de production Krisztina Fenyvesi, Tom Robinson
Machiniste Pete Nash
Chefs électriciens Paul Wilcox, Johann Cruickshank
Compositeur Chad Hobson
Coiffeuse et maquilleuse Roisin Donaghy, Victoria Barnes

Avertissement

Toute personne pratiquant une activité physique doit assumer
la responsabilité de ses actes et assurer sa propre sécurité. Si
vous avez des problèmes de santé, consultez votre médecin
avant d'entreprendre les exercices proposés dans ce livre.
Les informations contenues dans cet ouvrage ne peuvent
remplacer le bon sens de chacun, qui permettra de réduire
les risques de blessures. Voir aussi page 14.

Sommaire

Préface de l'auteur

Le yoga est vraiment étonnant. Il peut vous éveiller à votre moi véritable, et vous aider à abandonner votre armure de conditionnements et à trouver la joie intérieure. Que demander de plus ?

À 27 ans, je gérais des restaurants et je n'avais aucune véritable passion dans la vie. Je me laissais porter sans but, je manquais d'énergie, fumais et buvais un peu trop. Puis une amie me proposa d'aller à un cours de yoga et ce fut une révélation : je tombai amoureuse de ce voyage à la découverte de moi-même, et c'est un peu de cela que j'aimerais partager avec vous. La cigarette et l'alcool disparurent comme par enchantement et j'entamai une formation de professeur dans un ashram Sivananda au sud de l'Inde ; je ne voulais pas vraiment enseigner, juste continuer mon épanouissement personnel. Je revins à l'ashram l'année suivante, cette fois comme bénévole, pour m'immerger dans tous les aspects de la vie yoguique. Je me mis à enseigner et à adorer ça.

Au début des années 1990, j'obtins le diplôme de professeur de yoga Iyengar, et c'est cette méthode qui a le plus influencé ma pratique et mon enseignement. C'est à cette époque que je rencontrai le professeur qui m'a le plus inspirée, Shandor Remete, qui a depuis créé le shadow yoga. The Life Centre ouvrit ses portes, puis peu après le centre triyoga à Londres, où j'enseigne. Cela fait maintenant 19 ans que j'enseigne, dont 7 à temps complet. J'adore toujours apprendre d'autres professeurs, participer à des retraites et à des séjours de yoga, pour rencontrer d'autres personnes, venues d'autres horizons, qui comme moi s'intéressent au yoga.

Cet ouvrage présente quatre séances simples de *hatha yoga*. Pratiquez au moins 15 minutes par jour, mais bien sûr vous pouvez en faire plus si vous en avez envie. J'ai voulu que ce livre vous donne un aperçu de ce qu'est le yoga, et j'espère que, comme moi, vous aurez envie d'aller plus loin.

« Pratiquez, et tout vient », Sri K. Pattabhi Jois

>> **Comment utiliser** ce livre

Chaque séance vous donnera plus d'énergie, augmentera votre souplesse, et vous aidera à vous tenir plus droit et à combattre le stress. Prenez le temps d'étudier les postures en détail et de vous familiariser avec les mouvements. Utilisez les encarts à volet comme rappel.

Le DVD d'accompagnement est conçu pour être utilisé avec le livre, afin de faciliter votre séance de yoga. À la lecture du DVD, vous verrez à l'écran des références aux pages du livre ; aidez-vous de celles-ci pour chercher des instructions plus détaillées. Dans le livre, les grandes photos montrent les postures principales. Les images en médaillon montrent la position de départ, une posture de transition, l'étape suivante de la posture principale ou la posture principale vue d'un autre angle, cela afin de rendre la séance plus facile à suivre et de vous permettre de passer d'une posture à l'autre sans à-coup. Certaines postures sont plus difficiles que d'autres. Les photos en médaillon sur fond rose présentent une variation plus facile : la posture a été modifiée, ou bien on a ajouté des accessoires pour rendre la posture plus confortable ou plus accessible aux débutants. Les pages d'introduction à chaque séance, les pages « Foire aux question » et la section « Tout savoir sur le yoga » vous donnent des idées et des conseils supplémentaires pour approfondir votre pratique.

Les premières postures de chaque séance sont des exercices d'échauffement et de respiration. Viennent ensuite les postures principales, qui font travailler l'ensemble du corps. Chaque séance s'achève sur une note plus douce, avec la relaxation finale.

Chacune des quatre séances a été pensée pour une partie précise de la journée, mais on peut aussi les pratiquer à un autre moment. Trouvez celui qui vous convient le mieux. Chaque séance dure 15 minutes, mais, si vous débutez, prenez autant de temps qu'il le faut pour vous familiariser avec les postures. Si vous avez plus de 15 minutes par jour, vous pouvez combiner les séances en omettant la relaxation finale, que vous garderez pour la fin.

Les encarts à volet

Les encarts à volet sont des résumés que vous trouverez à la fin de chaque séance et qui vous donneront une vue d'ensemble. Une fois que vous avez regardé le DVD et examiné chaque posture dans le livre, vous pouvez utiliser ces encarts pour vérifier les postures d'un seul coup d'œil et rendre votre séance plus efficace.

S'énergiser en début de soirée

▲ Chin mudra, page 70   ▲ Respiration alternée, page 70   ▲ Posture à genoux 1, tête de vache, page 71   ▲ Posture à genoux 2, doi entrelacés, page 71

▲ Le Repos, page 76   ▲ La Sauterelle/ Le Repos, page 77

▲ La Sauterelle, page 76   ▲ Étirement des quadriceps, page 77

Les encarts à volet vous donnent une vue d'ensemble complète de chaque séance : c'est une référence pratique pour rendre votre séance plus rapide et plus simple.

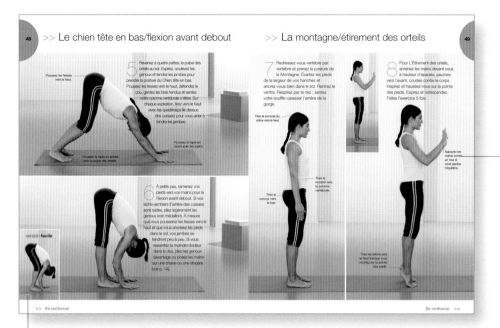

Des notes vous fournissent des conseils et indications supplémentaires.

Les photos sur fond roses en médaillon vous montrent une variation plus simple : on a modifié la posture ou ajouté des accessoires.

Les pages : « pas à pas » Les grandes photos indiquent la posture principale. Les photos en médaillon montrent la position de départ, une posture de transition, l'étape suivante de la posture ou la posture principale vue d'un autre angle.

Les encarts à volet reprennent les principales étapes de la séance.

>> Introduction

Bienvenue à la découverte du yoga, que vous vouliez être plus en forme, plus souple, moins stressé ou avoir plus d'énergie. À mesure que vous pratiquerez, le yoga deviendra votre mode de vie, et vous aborderez chaque aspect de votre journée avec plus de curiosité et de sérénité.

Le yoga ne s'arrête pas aux postures que vous exécutez ; il s'immisce dans votre façon de penser et d'interagir avec les autres. Petit à petit, les postures et les exercices de respiration vous rendent plus vif, et votre confiance en vous augmente en même temps que votre niveau d'énergie ; vous discernez mieux les zones de tension dans votre corps, vous les libérez en vous étirant et en respirant plus efficacement ; vous vous sentez aussi plus libre, votre mental est plus calme et plus à même d'apprécier la vie dans des perspectives différentes, tout comme les postures de yoga vous demandent de contempler le monde tête en bas, en arrière ou de côté. En même temps que votre équilibre physique s'améliore, vous êtes capable d'adopter une approche plus mesurée pour prendre des décisions, résoudre des problèmes et gérer le stress, ce qui rend chaque aspect de votre vie plus agréable, au travail, à la maison et avec les autres. La connexion entre le corps et l'esprit qui s'établit dans la posture de yoga par la concentration vous procure un ineffable sentiment d'harmonie.

Qu'est-ce que le *hatha yoga* ?

En Occident, le mot « yoga » évoque plutôt les exercices physiques (les asanas) et les exercices de respiration (le *pranayama*). Mais ce style de yoga, appelé *hatha yoga*, n'est que l'une des voies qui mènent au but ultime du yoga, qui est de ressentir une paix intérieure profonde et de prendre conscience de notre connexion avec l'Univers tout entier. En Inde, d'où le yoga est originaire, les gens suivent d'autres voies du yoga pour atteindre le même état d'union

> ## >> Le yoga dans votre vie
>
> - **Essayez d'accepter joyeusement** vos limitations physiques présentes. Si vous travaillez avec, plutôt que de lutter contre, des muscles raides ou des épaules tendues, vous obtiendrez plus de résultats, plus vite.
>
> - **Ne vous découragez pas.** Gardez votre sens de l'humour et soyez doux avec votre corps, c'est ainsi que les nœuds douloureux de votre mental se déferont eux aussi.
>
> - **Soyez patient et attentif à votre respiration** plutôt que de chercher la compétition, et rapidement vous ressentirez la félicité du yoga.

harmonieuse : le *bhakti yoga*, la voie de la dévotion religieuse ; le *karma yoga*, le yoga du service désintéressé (un excellent exemple en est Mère Teresa) ; le *jnana yoga*, l'étude de la philosophie yoguique ; et le *raja yoga*, la méditation. Chacune de ces voies correspond à une personnalité différente. Vous vous intéressez probablement au *hatha yoga*, l'aspect physique du yoga, parce que, comme de nombreuses personnes en Occident, vous voulez ressentir santé et bien-être, et éprouver un peu de paix intérieure. Lorsque vous nettoyez et décoincez votre corps avec ses postures, vous goûtez à la légèreté que procure le *hatha yoga*.

Trouver un professeur

Lorsque vous pratiquez le yoga avec un professeur, vous recevez les conseils d'un expert, ainsi que de précieux ajustements dans les postures. Travailler avec un professeur vous aide aussi à gagner la confiance en vous qui vous permettra d'entreprendre des postures plus difficiles, et de travailler avec le souffle et les techniques de méditation. Si vous allez régulièrement à un cours de yoga, vous vous construirez aussi un réseau d'amis qui vous aideront à rester motivé.

Mais comment trouver le professeur qui vous convient et choisir un style de yoga parmi une offre pléthorique ? La meilleure façon est de jeter un coup d'œil dans un centre de yoga ou une salle de gym proche de chez vous ou de votre travail. Vous pouvez aussi chercher des cours de yoga sur les panneaux d'affichage dans les centres culturels et les centres de santé. Demandez une liste et un descriptif du style des cours s'il ne s'agit pas de la forme la plus répandue de *hatha yoga* (celui-ci peut tirer des éléments de plusieurs styles : on peut l'enseigner de multiples façons). Le yoga Iyengar, la forme de yoga la plus répandue dans le monde, se concentre sur l'alignement et la précision des postures physiques à l'aide d'accessoires (blocs, sangles), et offre de bonnes bases aux débutants. Si vous aimez bouger vigoureusement, essayez les cours d'*ashtanga*

vinyasa yoga, où l'on enseigne les postures en flux continu (ces cours s'appellent parfois *vinyasa*, yoga dynamique ou *power yoga*). Si vous préférez une approche plus ésotérique avec chant de mantras et exercices de respiration, de méditation et d'éveil de l'énergie, essayez le yoga Sivananda ou le *kundalini yoga*. Si vous souffrez d'un problème de santé chronique, essayez le yoga Iyengar ou le *viniyoga* thérapeutiques, où on vous proposera des séquences de postures adaptées à vos besoins personnels. Si vous êtes enceinte ou que vous venez d'accoucher, trouvez un cours spécialisé. L'important est de trouver un professeur qui vous inspire et qui soit disponible ; cela compte plus que le style de yoga que vous pratiquez.

Un professeur ajuste votre corps dans la posture, ce qui vous permet de vous détendre sans effort dans l'asana et de libérer les tensions.

>> **Conseils** aux débutants

Une fois sur votre tapis, absorbé par les séances proposées dans ce livre, vous ne verrez pas passer les 15 minutes tant vous serez concentré pour mieux connaître votre corps et votre mental. Mais le plus difficile est de s'y tenir, de maintenir l'enthousiasme et la motivation qui vous font dérouler votre tapis. Voici quelques conseils pour vous aider.

Le conseil le plus important qu'un professeur puisse donner à des débutants en yoga est de prendre le temps de dérouler leur tapis. Pratiquer au même endroit, à la même heure peut aider à garder sa motivation. Choisissez un moment et réservez cette plage dans votre agenda. Pensez-y comme à un rendez-vous d'une importance vitale ; c'est en effet l'un des rendez-vous essentiels de votre journée, puisqu'il vous permet de consacrer du temps pour prendre soin de vous. Non seulement vous vous sentirez mieux, mais cela vous rendra aussi plus efficace pour le reste de la journée, qu'il s'agisse de votre travail ou de votre vie sociale.

Choisissez le moment de la pratique

Traditionnellement, on considère que tôt le matin est le meilleur moment de la journée pour faire du yoga. Essayez de mettre votre réveil 30 minutes plus tôt que d'habitude. Prenez une douche et faites votre yoga en profitant du calme qui règne avant le réveil de la maisonnée. Cette période d'introspection pour commencer la journée aide souvent à rendre la vie à la maison moins stressante.

La fin de l'après-midi ou le début de soirée sont aussi de bons moments pour pratiquer, particulièrement si vous avez besoin de reconstituer votre énergie ou de vous détendre après une journée frénétique. Douchez-vous avant de commencer et assurez-vous d'avoir le ventre vide : attendez deux ou trois heures après un repas.

Planifiez votre séance

Au début de la séance, prenez quelques minutes, assis ou allongé sur le dos, les genoux pliés et les pieds à plat sur le sol. Fermez les yeux et regardez à l'intérieur de

>> **Avant** de commencer

- **Enlevez votre montre,** vos lunettes et vos bijoux, ils pourraient vous gêner. Attachez vos cheveux s'ils sont longs.

- **Rassemblez les accessoires** dont vous aurez besoin : sangles, blocs, chaise, coussins, ainsi qu'une couverture pour la relaxation finale.

- **Éteignez votre téléphone** et les autres distractions comme la radio ou la musique.

- **Fermez la porte** et demandez qu'on ne vous dérange pas.

vous-même, observez le flux et le reflux naturel de votre respiration. Puis faites l'échauffement avec soin avant d'entreprendre les postures et les exercices de respiration. Prenez au moins 5 minutes à la fin de la séance pour vous allonger dans la posture de relaxation, qui doit être le point final de toute séance de yoga.

Prenez votre temps

L'intérêt majeur du yoga est qu'il permet de prendre conscience de ses capacités et de ses limitations, mais attention : vous avez toute la vie pour les étudier. Ne vous sentez pas obligé d'en faire trop, trop vite dans les premières semaines ou les premiers mois, et abandonnez tout perfectionnisme. Le yoga n'est pas un sport de compétition.

Suivez votre souffle

Accordez-vous à votre souffle, non seulement au début de chaque séance, mais dans chaque posture : il vous révèle beaucoup de choses sur votre pratique. Si votre souffle est irrégulier, c'est le signe qu'il faut aller plus doucement. Lorsque vous entrez dans une posture, essayez d'expirer les tensions en même temps que l'air ; l'inspiration peut aussi vous permettre de vous grandir et de vous étirer un peu plus loin. Peu à peu, prêter attention à votre souffle deviendra une seconde nature.

Écoutez votre corps

Accordez toute votre attention aux messages que vous envoie votre corps. Si vos genoux ou votre dos vous font mal, considérez que c'est un ordre : optez pour la version facile de la posture. Reconnaissez vos limites, allez lentement et n'entreprenez les étirements les plus vigoureux qu'une fois que vous êtes prêt ; mais ne vous résignez pas à ces limitations. Le yoga nous encourage à explorer les frontières de ce dont nous sommes capables et à nous lancer des défis, mais sans poursuivre un idéal inatteignable, qui peut conduire à des blessures et à des émotions néfastes, comme la colère ou l'orgueil. La clé d'une séance de yoga réussie est d'abandonner toutes ses idées préconçues et d'essayer d'aller toujours vers la limite de ses capacités. Essayez d'intégrer des asanas dans votre vie de tous les jours : faites des postures d'équilibre pendant que vous êtes au téléphone, ou bien asseyez-vous sur le sol le dos droit pour lire ou regarder la télévision, plutôt que de vous affaler sur le canapé, et vous remarquerez vite la différence.

Intégrez le yoga dans vos activités quotidiennes. S'asseoir sur le sol, les jambes tendues devant vous, le dos droit, vous aidera à vous redresser et rendra votre pratique du yoga plus facile.

>> **Pratiquer** en toute sécurité

Le but du yoga est la connaissance de soi. Il est important de ne pas forcer votre corps au-delà de ses limites. Si certaines postures sont difficiles au départ, réjouissez-vous d'avoir un défi à relever. Pour toutes les postures difficiles, le livre présente une version modifiée.

Si vous n'êtes pas habitué à l'exercice physique, il est important d'apprendre la différence entre la bonne douleur, un sentiment agréable d'étirement profond dans les muscles, et la mauvaise douleur, une douleur aiguë ou persistante. Comprendre la différence peut prendre du temps. Au début, vous aurez peut-être des courbatures pendant quelques jours, mais elles disparaissent rapidement. Ne forcez pas votre corps à prendre des postures dont il n'est pas capable. Si une posture provoque des douleurs négatives ou des tensions, relâchez vos efforts. Choisissez toujours la sécurité et modifiez la posture en vous référant à la version facile, ou utilisez des accessoires (voir p. 16-17) pour vous aider dans les postures difficiles. Pratiquez toujours

le ventre vide : laissez passer deux ou trois heures après un repas.

Si vous souffrez d'une blessure précise, si vous êtes enceinte ou que vous avez d'autres problèmes de santé, consultez votre médecin avant d'utiliser ce livre. Si vous avez des étourdissements, une douleur dans la poitrine, des problèmes cardiaques ou si le souffle vous manque pendant la séance, arrêtez immédiatement.

Utilisez les objets autour de vous : une étagère peut par exemple servir de support pour une version modifiée de la Flexion avant debout, au lieu du Chien tête en bas ; un mur ou une porte peuvent vous servir à élever vos jambes à la fin d'une journée fatigante.

>> **Avant** de commencer

- **Consultez** votre médecin si vous souffrez d'une blessure, d'un problème de santé ou que vous êtes enceinte.

- **Pratiquez** le ventre vide. Attendez trois heures après un repas copieux, deux heures après un repas léger, une heure après un en-cas.

- **Ne vous surpassez pas.** Commencez lentement et arrêtez-vous si vous ressentez des douleurs ou des tensions.

- **Exécutez les versions modifiées** de la posture si nécessaire et aidez-vous d'accessoires dans les postures difficiles.

S'il vous est difficile d'atteindre le sol dans la Flexion avant debout, pliez les genoux (voir médaillon) ou placez un bloc sous vos mains.

Les postures d'équilibre peuvent être difficiles pour les débutants ou si vous êtes très fatigué. Appuyez-vous contre un mur ou un meuble.

>> **Vêtements** et accessoires

Pas besoin de dépenser une fortune en vêtements ou en accessoires spécialisés. Investissez dans un tapis de yoga et portez des vêtements confortables. Les accessoires pour vous aider dans les poses difficiles peuvent être remplacés par des objets usuels.

Lorsque vous commencerez le yoga, vous aurez peut-être besoin d'aide pour vous discipliner. Il est utile de trouver un endroit de la maison où vous pourrez pratiquer régulièrement ; demandez qu'on ne vous dérange pas pendant au moins 15 minutes. Assurez-vous d'avoir éteint votre téléphone, et oubliez votre ordinateur et les tâches quotidiennes. Si vous pratiquez toujours au même endroit, vous verrez qu'il s'y développe une énergie particulière que vous associerez à votre pratique. Vous pouvez aussi y allumer une bougie ou y mettre des fleurs ou la photo de quelqu'un qui vous inspire.

Pratiquez dans un lieu calme, propre et chauffé. Le parquet est idéal, de même qu'un revêtement qui vous permet de pratiquer sans tapis – mais si la surface est glissante, il faut absolument utiliser un tapis de yoga. Pour débuter, pratiquez près d'un mur contre lequel vous pourrez vous appuyer pour garder l'équilibre.

Vêtements

Avant de commencer, enfilez des vêtements qui ne limitent pas vos mouvements ; et, si vous le souhaitez, douchez-vous. Vos vêtements doivent être amples et confortables, élastiqués à la taille. Les matières naturelles sont idéales, parce qu'elles n'empêchent pas le corps de respirer. Portez un short, un corsaire ou un pantalon que vous pouvez relever pour vous permettre de voir si vos pieds et vos jambes sont correctement positionnés. Il est essentiel de pratiquer pieds nus pour pouvoir étirer et énergiser vos pieds.

S'aider d'une sangle passée autour des pieds peut vous permettre de tenir une posture qui vous serait sinon inaccessible (voir posture de l'Arc, p. 79).

Accessoires

Si le sol est glissant, vous aurez besoin d'un tapis de yoga, mais les autres accessoires peuvent être remplacés par des objets courants. En progressant, vous aurez peut-être envie d'acheter des accessoires spécialisés.

● **Utiliser une sangle** permet d'aller plus profond dans la posture sans forcer et de tenir la posture avec un alignement correct. Vous en aurez peut-être aussi besoin dans les postures où vous n'arrivez pas à toucher vos doigts (voir Posture à genoux 1, p. 71), ou bien pour décoller les jambes du sol (voir l'Arc, p. 79). Une ceinture fera parfaitement l'affaire.

tapis

● **Des blocs** peuvent être utiles si vos mains n'arrivent pas jusqu'au sol ou si vous avez besoin de surélever les fesses. Vous pouvez vous asseoir dessus pour garder le dos droit. On trouve dans le commerce des blocs de tailles diverses, mais des livres ou des annuaires sont un substitut efficace ; couvrez-les ou scotchez-les pour qu'ils soient plus stables.

● **Placer un bolster** (traversin) sous le corps pour s'allonger aide à ouvrir la poitrine. On peut aussi s'asseoir dessus ou le placer sous les genoux lors de la relaxation finale pour détendre le dos (voir p. 120).

● **Des couvertures et des serviettes légères** sont très utiles. On peut les plier ou les rouler pour plus de stabilité et de confort en position assise ou couchée. Elles permettent aussi de rester au chaud pendant la relaxation finale. Vous pouvez utiliser un masque pour les yeux lors de la relaxation finale.

● **Ayez une chaise ou un tabouret** à proximité lorsque vous pratiquez. Si vous êtes particulièrement raide et qu'il vous est difficile de

Utilisez un bolster (traversin) et des serviettes pour être plus à l'aise. Cela vous aide à ouvrir la poitrine et à mieux respirer.

poser les mains au sol, utilisez une chaise pour y poser les mains et vous aider à vous pencher en avant. Vous pouvez aussi poser vos mollets sur le siège pour la relaxation finale ou vous appuyer dessus pour les postures debout.

Les accessoires de yoga s'achètent dans les boutiques spécialisées ou sur Internet. Au début, utilisez des objets courants pour plus de confort et de détente, et pour modifier les postures difficiles.

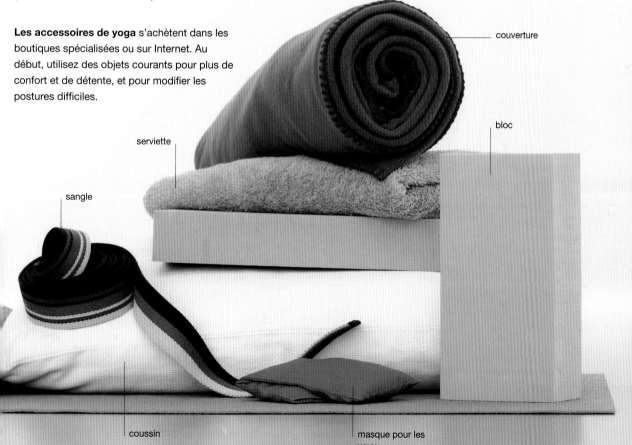

couverture

serviette

bloc

sangle

coussin

masque pour les yeux

15 minutes

Se réveiller >>
et rayonner

Une série de
mouvements doux et
fluides pour mieux
commencer la journée.

>> **Se réveiller** et rayonner

Rien de plus dur que de se lever le matin. Cette séance vous permet de vous débarrasser des raideurs, de vous concentrer et de vous énergiser pour la journée qui vous attend. La Salutation au Soleil décoince et lubrifie les articulations et la colonne vertébrale.

Passez quelques minutes chaque jour, allongé sur le dos, les genoux pliés, les pieds à plat sur le sol, à écouter simplement votre respiration. Placez un bloc ou une couverture pliée sous votre tête pour être plus à l'aise. Vous constaterez combien on est alors à l'écoute de son corps. N'essayez pas de réguler votre respiration, contentez-vous de l'écouter et de remarquer comme elle devient plus égale et calme le mental. Observer votre respiration pendant toute la durée d'une séance est très important et vous évitera d'aller trop loin. Si votre respiration devient inégale et difficile, cela veut dire que vous forcez trop dans la posture.

Les exercices

L'échauffement vous assouplit pour vous préparer à la Salutation au Soleil. Si vous êtes pressé le matin, faites seulement l'échauffement : c'est un moyen rapide et agréable de bien commencer la journée. La Salutation au Soleil est une série de mouvements doux et fluides synchronisés avec la respiration. Il en existe de nombreuses variantes ; la séquence présentée ici n'est qu'un exemple. Chaque position est l'opposé de la précédente ; elle étire le corps dans la direction inverse, et contracte et étire la poitrine en alternance pour réguler la respiration. Cette séquence rend le corps plus souple, régule la respiration et concentre le mental ; elle peut aussi réduire la somnolence et combattre la dépression. Peut-être vous sentirez-vous très maladroit au départ. Allez lentement et commencez toujours par la variante facile : pour la Fente à genoux de la page 30, amenez par exemple le pied en avant avec votre main si vous êtes très raide. Ne vous inquiétez pas si votre respiration ne suit pas les mouvements au

> ## >> **Conseils pour** se réveiller
>
> - **Apprenez à être attentif à votre respiration :** allongé, écoutez votre souffle aller et venir.
>
> - **Ne forcez pas.** Si vous avez du mal à garder votre respiration égale, arrêtez-vous et détendez-vous.
>
> - **Ne vous inquiétez pas** si au début votre respiration n'est pas parfaitement synchrone avec vos mouvements. Prenez autant de respirations que nécessaire.
>
> - **Soyez patient** et gardez votre humour. Pratiquez les variantes modifiées des postures trop difficiles pour vous.

départ. Prenez autant de respirations que vous en avez besoin avant de passer à la posture suivante ; avec la pratique, vous parviendrez à accompagner les mouvements avec le souffle. Petit à petit, augmentez le nombre de répétitions, de deux pour commencer à autant de fois que vous le souhaitez, en vous assurant toujours de travailler autant les deux côtés. Soyez patient, faites preuve d'humour, et pratiquez, pratiquez, pratiquez…

Soyez patient et n'allez pas trop vite. Si vous n'arrivez pas à prendre la posture du Cobra (à droite), commencez par le Sphinx (p. 30) jusqu'à ce que vous vous sentiez prêt.

>> Écouter sa respiration

1 Allongez-vous sur le dos, genoux pliés, les bras formant un angle de 45°
avec le corps. La nuque est longue et souple. Fermez les yeux et écoutez
votre souffle aller et venir. Pour ramener la concentration sur les
poumons, inspirez sur 3 temps et expirez sur 4 plusieurs fois.

Les genoux
sont pliés.

Écartez les
pieds de la
largeur des
hanches.

Détendez et
baissez les épaules.

Tournez les paumes
vers le haut.

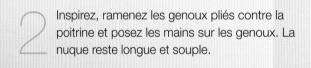

2 Inspirez, ramenez les genoux pliés contre la
poitrine et posez les mains sur les genoux. La
nuque reste longue et souple.

Ramenez les
genoux pliés vers
le corps.

Gardez la nuque allongée.

3 Expirez et tendez fermement la jambe droite à 3 cm au-dessus du sol. Pied fléchi, inspirez, pliez les deux genoux vers la poitrine. Expirez, répétez avec la jambe gauche. Faites le mouvement 2 fois avec chaque jambe, puis ramenez les genoux vers la poitrine (voir étape 2).

Sentez l'étirement sur l'intérieur de la jambe, jusqu'à la face intérieure du talon.

Le pied en flexion est à 3 cm du sol.

4 Genoux pliés vers la poitrine, écartez les bras sur les côtés à la hauteur d'épaules, paumes face au plafond. Expirez, amenez les genoux vers le coude droit. En même temps, tournez la tête et l'abdomen vers la gauche. Inspirez, revenez au centre. Expirez et répétez à gauche, en tournant la tête et le nombril vers la droite. Faites le mouvement 2 fois de chaque côté, puis revenez au centre.

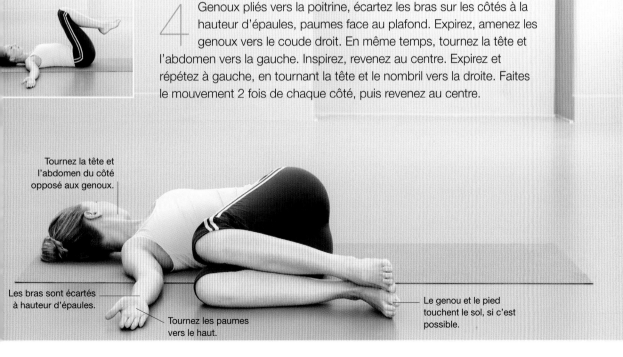

Tournez la tête et l'abdomen du côté opposé aux genoux.

Les bras sont écartés à hauteur d'épaules.

Tournez les paumes vers le haut.

Le genou et le pied touchent le sol, si c'est possible.

5 Commencez à réveiller la colonne vertébrale. Attrapez l'arrière des genoux toujours ramenés contre la poitrine, et balancez-vous d'avant en arrière sur la colonne vertébrale. Inspirez pour rouler vers l'arrière, expirez pour rouler vers l'avant. Répétez plusieurs fois. Si vous sentez que votre dos est trop raide, balancez-vous simplement de droite à gauche.

Attrapez l'arrière
des genoux.

6 Roulez sur le côté pour vous mettre à quatre pattes dans la longueur du tapis. Les mains sont écartées de la largeur des épaules, les doigts vers l'avant ; les genoux sont écartés de la largeur des hanches, les cous-de-pied à plat au sol. Faites trois cercles des hanches vers la gauche, en prenant une respiration complète à chaque cercle. Dessinez un cercle avec le nombril vers les hanches. Répétez à droite. Sentez que le bas du dos se détend.

Les cous-de-pied
sont posés au sol.

Les mains sont écartées
de la largeur des épaules,
les doigts vers l'avant.

7 Inspirez, levez les yeux. Les épaules sont basses, loin des oreilles ; le bassin est basculé vers le sol. Expirez, faites le dos rond et regardez votre nombril ; tirez les fesses vers les talons, et posez le front au sol dans la posture de l'**Enfant**. Les mains restent au sol devant vous. Au début, votre front ne touchera peut-être pas le sol, ni vos fesses, vos talons. Placez une couverture pliée dans le creux des genoux s'ils sont très raides, et une serviette roulée sous vos chevilles si vous avez mal.

Tirez les fesses vers les talons.

Tendez les doigts vers l'avant.

version **facile**

Poussez les fesses vers le haut.

8 Inspirez, revenez à quatre pattes, la pulpe des orteils au sol. Levez les yeux. Les épaules sont basses, loin des oreilles. Rentrez le ventre. Expirez, montez dans la posture du **Chien tête en bas** : poussez vers le bas avec les talons et vers le haut avec les fesses. Si vos ischio-jambiers (à l'arrière des cuisses) sont trop raides, pliez les genoux (voir médaillon). Répétez 1 fois les étapes 7 et 8.

Poussez les talons vers le bas et vers l'arrière.

Le cou est détendu.

Les bras sont tendus.

>> Flexion avant / la montagne étendue

9 À petits pas, ramenez les pieds vers les mains pour arriver en **Flexion avant debout**. Vos pieds sont parallèles, écartés de la largeur des hanches. Si votre dos est raide, pliez les genoux (voir médaillon). Inspirez, pliez les genoux plus bas. Expirez, poussez les genoux vers l'arrière, et tirez les quadriceps (à l'avant des cuisses) vers le haut et vers l'arrière. Sentez que vos pieds sont des racines qui vous rattachent au sol, détendus mais stables. Respirez calmement.

bras tendus vers le haut _____

10 Inspirez, redressez le buste tout en tendant les bras sur les côtés et au-dessus de votre tête pour arriver dans la posture de la **Montagne étendue**. Étirez les deux côtés du corps jusqu'à la pointe des doigts. Expirez et baissez les bras le long du corps. Inspirez et tendez à nouveau les bras.

version **facile**

Les pieds sont écartés de la largeur des hanches. _____

Les pieds sont bien enfoncés dans le sol.

11 Expirez, ramenez les bras le long du corps. Placez les pieds à l'avant du tapis et tenez-vous bien droit, dans la posture de la **Montagne**. Imaginez un fil à plomb descendant le long de votre corps. Préparez-vous pour deux cycles de **Salutation au Soleil**.

Tirez le sommet du crâne vers le haut.

Ne vous cambrez pas.

Les pieds sont stables, bien à plat au sol.

12 Expirez, amenez les **Mains en prière** devant la poitrine. Inspirez, levez les bras tendus sur les côtés et vers le haut. Levez la tête.

Mettez les mains en prière.

13 Expirez, descendez les bras sur les côtés, et penchez-vous en avant pour la **Flexion avant debout**. Placez les mains à plat au sol de chaque côté des pieds, en pliant les genoux si nécessaire. Le cou et la tête sont détendus.

Pliez les genoux si nécessaire.

Posez les mains à plat au sol.

14 Inspirez, tendez la jambe droite loin en arrière et posez le genou droit au sol. Les mains sont à plat au sol de chaque côté du pied gauche. Vous êtes en **Fente** à genoux.

Posez le genou au sol.

Les mains sont à plat au sol.

15 Expirez et amenez le pied gauche à côté du pied droit pour la posture du **Chien tête en bas**. Pliez les genoux si nécessaire. Inspirez et amenez le buste en avant pour la **Planche**. Le corps forme une ligne droite, les bras sont tendus. Poussez les talons vers l'arrière et le sommet de la tête vers l'avant.

Poussez le sommet de la tête vers l'avant.

Poussez les talons vers l'arrière.

16 Expirez, pliez les bras et posez les genoux, la poitrine et le menton au sol. Les coudes sont collés au corps, les hanches sont en l'air. Si c'est trop difficile, reculez les pieds.

Levez les hanches.

Les coudes sont collés au corps.

17 Inspirez et prenez la posture du **Cobra** : les coudes restent collés au corps, le dessus des cuisses et des pieds vient toucher le sol. Sentez l'étirement sur la face interne des jambes, jusqu'au talon. Poussez le pubis contre le sol et tirez le nombril vers la poitrine. Les épaules sont basses, loin des oreilles. Levez le menton et le haut de la poitrine, regardez devant vous. Si c'est trop difficile, posez les coudes et les avant-bras devant vous en Sphinx (voir médaillon).

version **facile**

Sentez l'étirement sur la face interne des jambes.

Les épaules sont basses, loin des oreilles.

Levez le haut de la poitrine.

Poussez le pubis contre le sol.

18 Expirez, posez la pulpe des orteils au sol et poussez pour monter dans la posture du **Chien tête en bas**. Restez pendant plusieurs respirations. Inspirez, ramenez le pied droit en avant entre les mains en **Fente à genoux**. Vous pouvez ramenez le pied avec votre main (voir médaillon).

Tirez aussi haut que possible.

version **facile**

Poussez vers l'arrière avec la plante des pieds.

Poussez vers l'avant avec les mains.

19 Expirez et avancez le pied gauche jusqu'au pied droit. Placez les mains au sol de part et d'autre des pieds pour la **Flexion avant debout**. Pliez les genoux si nécessaire. Les talons sont bien enfoncés dans le sol. Amenez le poids du corps vers l'avant, afin de sentir les quadriceps se contracter vers le haut, l'arrière des genoux s'ouvrir et les mollets s'étirer vers les talons.

20 Ramenez les bras tendus sur les côtés et vers le haut tout en vous redressant. Regardez vers le haut. Expirez, ramenez les **Mains en prières** (voir médaillon). Regardez devant. Répétez les étapes 12 à 20 en menant avec le pied gauche pour compléter un cycle de **Salutation au Soleil**, puis répétez un cycle entier. Baissez les bras le long du corps dans la posture de la **Montagne**. Écoutez votre respiration aller et venir. Puis revenez au centre du tapis.

antez fermement les talons dans le sol.

>> L'enfant/Le lion

21 Agenouillez-vous pour prendre la posture de **l'Enfant**. Posez les fesses sur les talons et le front au sol. Amenez les mains vers les pieds, paumes vers le haut. Respirez calmement. Sur l'inspiration, sentez votre souffle aller dans le bas de votre dos. Expirez et détendez-vous.

Les orteils se touchent mais les talons sont écartés. —

— Le front est posé au sol.

22 Redressez-vous en déroulant le dos, vertèbre par vertèbre ; la tête remonte en dernier. Tenez-vous droit pour faire **le Lion**. Posez les mains sur les genoux. Si vous n'êtes pas à l'aise, placez un coussin dans le creux des genoux et une serviette roulée sous les chevilles. Ouvrez grand la bouche et tirez la langue ; levez les yeux pour regarder entre les sourcils et expirez en « rugissant » (faites « ha »). Inspirez et fermez les yeux et la bouche. Faites 3 fois cet exercice.

——— Tendez les bras.

Se réveiller et rayonner

1

2

▲ **Écouter sa respiration,** page 22

▲ **Écouter sa respiration,** soulager les raideurs, page 22

3

▲ **Soulager les raideurs,** page 23

4

▲ **Soulager les raideurs,** page 23

5

▲ **Culbuto,** page 24

6

▲ **Cercles des hanches,** page 24

13

14

▲ **La Salutation au Soleil,** Flexion avant debout, page 28

▲ **La Salutation au Soleil,** Fente à genoux, page 28

15

▲ **La Salutation au Soleil** Chien tête en bas, planche, page 29

16

▲ **La Salutation au Soleil,** Genou, poitrine et menton au sol page 29

17

▲ **La Salutation au Soleil,** Le Cobra, page 30

18

▲ **La Salutation au Soleil,** Chien tête en bas, Fente à genoux, page 30

Se réveiller
et rayonner

>>

23 Ramenez les mains vers le haut des cuisses, paumes vers le haut. Vos yeux sont toujours fermés. Inspirez comme si vous respiriez le parfum d'une fleur magnifique. Expirez et lâchez prise. Restez assis calmement, concentrez-vous sur le va-et-vient de votre respiration.

Tournez les paumes vers le haut

24 Allongez-vous sur le dos, les genoux pliés, les pieds à plat au sol, écartés de la largeur des hanches et parallèles. Levez la tête, vérifiez l'alignement de votre corps de part et d'autre de sa ligne médiane. Reposez la tête au sol, écartez les bras du corps. Tendez une jambe au sol, puis l'autre, et préparez-vous à la relaxation finale. Restez allongé pendant 2 à 5 minutes. Vous pouvez placer une couverture pliée sous la tête, un coussin sous les genoux et un masque sur les yeux pour être plus à l'aise.

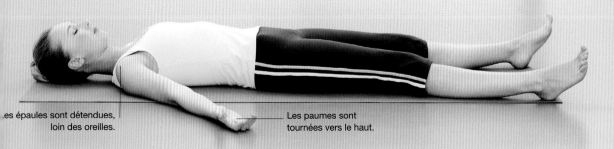

Les épaules sont détendues, loin des oreilles.

Les paumes sont tournées vers le haut.

▲ **L'Enfant,**
page 25

▲ **Le Chien tête en bas,** page 25

▲ **Flexion avant debout,** page 26

▲ **Montagne étendue,** page 26

▲ **Préparation à la Salutation au Soleil,** page 27

▲ **La Salutation au Soleil,** Mains en prière, page 27

▲ **La Salutation au Soleil,** Flexion avant debout, page 31

▲ **La Salutation au Soleil,** fin page 31. Répétez les étapes 12 à 20 sur l'autre jambe, puis un cycle entier.

▲ **L'Enfant,** page 32

▲ **Le Lion,** page 32

▲ **Relaxation finale,** page 33

▲ **Relaxation finale,** page 33

15 minutes **Bilan**

>> **Foire** aux questions

Le yoga n'est pas un sport de compétition et requiert de la patience. Ne vous découragez pas si les postures ne viennent pas aussi facilement que vous le souhaiteriez. Voici quelques conseils pour vous aider à trouver l'alignement et à synchroniser votre souffle avec les mouvements. Suivez-les, prenez le temps de pratiquer, et bientôt vous en récolterez les bénéfices.

>> **J'ai du mal à trouver le temps de pratiquer. Comment faire ?**

C'est quelque chose que j'entends souvent, mais si on y réfléchit bien, ce n'est pas vraiment le temps mais la discipline qui manque. Nous sommes assez disciplinés pour aller au travail chaque jour et prendre soin de notre famille, mais souvent nous n'avons pas la discipline de prendre soin de nous-mêmes. Considérez l'exercice physique comme une chose que vous devez faire tous les jours, comme vous brosser les dents. Si vous vous consacrez 15 minutes pour vous, vous aurez plus d'énergie et serez plus efficace : en fait, vous gagnerez du temps.

>> **Pourquoi faire du yoga le matin ? Je suis très raide quand je me lève et je n'en ai pas vraiment envie.**

C'est justement la raison pour laquelle vous devriez faire du yoga ! Beaucoup de gens se sentent raides le matin. D'abord, faites attention à votre position quand vous dormez : évitez de dormir sur le ventre. Les étapes 1 à 8 de cette séance, 3, 10 et 11 de la séance « Se renforcer » et 2 et 4 de « Se relaxer » vous aideront aussi à soulager vos raideurs. Si vous pratiquez 15 minutes par jour pendant 1 mois, vous verrez le résultat. Beaucoup de gens préfèrent pratiquer le matin, au calme, quand il y a moins de distractions.

>> **Ça veut dire quoi, « écouter sa respiration » ?**

Quand on débute en yoga, on a souvent l'esprit ailleurs. Utilisez votre respiration pour vous concentrer. Prenez conscience de chaque inspiration et de chaque expiration. Ne forcez pas, ne cherchez pas à changer quoi que ce soit. L'inspiration vous guide vers les parties du corps qui ont besoin d'attention. L'expiration est le moment où vous travaillez dans la posture. Puis vous allongez le corps sur l'inspiration. À mesure que vous vous familiariserez avec votre respiration, elle deviendra plus régulière et plus calme.

>> ## À l'aide ! Je n'arrive pas à toucher mes orteils dans la Flexion avant debout…

Si vous êtes très raide, au début, placez les mains sur une table ou une autre surface, et faites quelques pas en arrière jusqu'à ce que vos jambes et vos bras forment un angle droit (voir l'image en bas à gauche p. 14). Sentez l'étirement dans vos épaules et vos aisselles, et tendez bien les jambes. Si vous n'êtes pas loin du sol dans la Flexion avant debout, pliez les genoux ou placez les mains sur un bloc.

>> ### J'ai mal aux lombaires dans le Cobra. Que faire ?

Ne continuez jamais dans une posture qui vous cause une douleur négative. Ne levez pas la poitrine trop haut. Allongez le coccyx vers les talons et poussez le pubis contre le sol. Sentez la force dans vos jambes en poussant les pieds dans le sol. Si le Cobra est trop difficile, pratiquez le Sphinx (p. 30).

>> ## J'ai mal aux pieds et aux genoux quand je m'agenouille. Que faire ?

Si vous avez mal aux pieds lorsque vous êtes à genoux, roulez une serviette et placez-la sous vos chevilles ; ou pliez une ou deux couvertures et posez-les l'une sur l'autre : agenouillez-vous dessus, en laissant les pieds dépasser. Au fur et à mesure, le cou-de-pied va se détendre et vous pourrez réduire l'épaisseur des couvertures. Sentir un bon étirement sur le dessus du pied constitue une douleur positive. Il faut en revanche prendre grand soin des genoux et les traiter avec beaucoup de respect, parce qu'ils amortissent souvent les chocs lorsque d'autres parties du corps ne nous soutiennent pas correctement. Sentir un étirement dans le dessus de la cuisse est une bonne chose, mais si vous avez mal aux genoux lorsque vous vous agenouillez, placez une couverture pliée dans le creux des genoux et un bloc sous vos fesses pour avoir le dos droit et être à l'aise.

>> ### Quels sont les bienfaits du Lion ?

La posture du Lion fait bouger les muscles du visage et détend la langue. Elle est particulièrement bénéfique pour les personnes qui souffrent de tension dans les mâchoires. On dit que le Lion rend la parole plus claire, et il est recommandé aux personnes qui bégaient. Il peut aussi lutter contre la mauvaise haleine et nettoyer la langue. Essayez de toucher le menton avec la langue pour bien l'étirer. À chaque « rugissement », regardez un point différent : entre les sourcils, vers le bout du nez, au loin.

15 minutes

Se renforcer >>

Les pieds bien plantés dans le sol, les muscles de l'abdomen actifs, augmentez votre force intérieure et améliorez votre posture.

>> Se renforcer

Si vous avez du mal à rester debout longtemps, si vous vous sentez léthargique, que vous avez la nuque raide ou les épaules voûtées, cette séance vous procurera la force intérieure que vous recherchez. Elle contrecarre aussi la tendance à arrondir le dos et à respirer de façon superficielle, et vous aide à distribuer le poids équitablement dans tout le corps.

Essayez quelques instants de voir ce que cela fait de se tenir droit. Les pieds écartés de la largeur des hanches, répartissez votre poids également sur vos jambes et vos pieds. Visualisez l'avant et l'arrière de votre poitrine en train de s'ouvrir et votre tête en train de remonter, légèrement en arrière. Respirez par le nez, sentez votre souffle caresser votre gorge. Comment vous sentez-vous ? Grandi, léger, puissant, plein d'énergie ? C'est la transformation que le yoga peut vous apporter si vous suivez la séance de 15 minutes présentée ici, et qui vous enseigne comment être fort et bien soutenu de l'intérieur.

La force intérieure vient de l'ancrage de vos pieds dans le sol : la puissance ainsi générée est dirigée dans l'axe central du corps ; votre tronc est alors bien soutenu et peut se détendre. Vous avez le sentiment qu'un fil à plomb part de l'arrière de votre tête et tombe le long de votre colonne vertébrale jusqu'à votre bassin, ce qui vous permet de retrouver une attitude naturelle et saine.

>> **Conseils pour** se renforcer

- **Activez les muscles de l'abdomen** et ancrez les pieds dans le sol pour les postures debout ; sentez que votre bassin remonte tout seul et que votre nombril va vers votre colonne vertébrale.

- **Attention à vos genoux** dans les postures jambes écartées ; ils ne doivent jamais vous faire mal. Les genoux doivent être bien alignés avec le milieu du pied, et non avec le gros orteil : poussez vers le haut avec les cuisses et tournez-les vers l'extérieur.

- **Utilisez des accessoires** si vous êtes fatigué ou que vous avez vos règles : appuyez-vous sur un mur ou sur une chaise dans les postures debout.

Les exercices

L'échauffement et les exercices de respiration vous font prendre conscience des muscles autour de votre nombril, qui soutiennent le bas de votre dos. Pendant la pratique, amenez les abdominaux vers la colonne vertébrale, sans contracter le ventre. En même temps, basculez le plancher pelvien vers l'avant et vers le haut pour plus de soutien.

Cette séance rafraîchissante est riche en mouvements qui musculeront vos jambes ; parce qu'ils favorisent la circulation et augmentent la mobilité, ils soulagent aussi les tensions. L'Étirement des orteils cultive l'équilibre tout en sollicitant les mollets et les cuisses, et

lorsque les pieds sont fermement ancrés dans le sol, le haut du corps ressent une légèreté et une détente bienvenues. L'Étirement latéral debout et la Torsion rythmée debout amènent la conscience dans la colonne vertébrale et dans les épaules, tandis que Les Bras de l'aigle, accroupi assouplit les hanches. Le Cheval teste la force de vos jambes (efforcez-vous de surmonter les tremblements) avant que vous entrepreniez les postures debout classiques. À la fin de la séance, vous apprécierez beaucoup la posture de relaxation.

Les postures d'équilibre favorisent la concentration tout en apportant force et mobilité au haut et au bas du corps.

1 Asseyez-vous en tailleur sur un bloc ou un coussin, le dos droit, les mains sur les genoux ou les cuisses. Si vous avez du mal à vous tenir droit, ajoutez un coussin. Si vos genoux ne touchent pas le sol, placez d'autres coussins sous les cuisses. Écoutez votre respiration, laissez votre mental s'apaiser.

Les épaules sont détendues

Les coudes sont légèrement pliés

Les paumes sont tournées vers le haut.

Asseyez-vous sur un bloc ou un coussin.

2 Restez en tailleur pour l'exercice du **Crâne brillant** (*Kapalabhati*), qui nettoie les poumons et le mental. Expirez en rentrant l'abdomen et en pompant rapidement, puis détendez-le sur l'inspiration. Faites l'exercice 3 fois, en respirant normalement entre chaque respiration.

Contractez les abdominaux sur l'expiration.

>> Étirement diagonal 1/ La planche sur les avant-bras

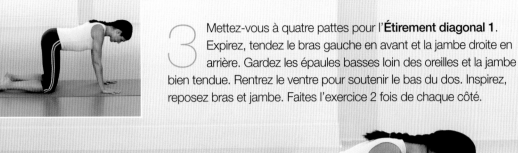

3 Mettez-vous à quatre pattes pour l'**Étirement diagonal 1**. Expirez, tendez le bras gauche en avant et la jambe droite en arrière. Gardez les épaules basses loin des oreilles et la jambe bien tendue. Rentrez le ventre pour soutenir le bas du dos. Inspirez, reposez bras et jambe. Faites l'exercice 2 fois de chaque côté.

Tirez l'abdomen vers la colonne vertébrale.

Les mains sont alignées avec les épaules.

Les genoux sont alignés avec les hanches.

4 Pour **la Planche** sur les avant-bras, posez les coudes, alignés avec les épaules. Placez les avant-bras parallèles devant vous sur le sol. Expirez et levez les genoux en poussant vers l'arrière avec les talons (les pieds glissent vers l'arrière). Votre corps forme une ligne droite. Rentrez le ventre. Les épaules sont loin des oreilles, le cou est long, le sommet du crâne pointe vers l'avant. Respirez calmement.

Poussez les talons en arrière.

Tirez le nombril vers la colonne vertébrale.

Les avant-bras sont écartés de la largeur des épaules.

>> Le chien tête en bas/flexion avant debout

Poussez les fesses vers le haut.

Poussez le tapis en avant avec les mains.

Poussez le tapis en arrière avec la pulpe des orteils.

5 Revenez à quatre pattes, la pulpe des orteils au sol. Expirez, soulevez les genoux et tendez les jambes pour prendre la posture du **Chien tête en bas**. Poussez les fesses vers le haut, détendez le cou, gardez les bras tendus et sentez votre colonne vertébrale s'étirer. Sur chaque expiration, tirez vers le haut avec les quadriceps (le dessus des cuisses) pour vous aider à tendre les jambes.

version **facile**

6 À petits pas, ramenez vos pieds vers vos mains pour la **Flexion avant debout**. Si vos ischio-jambiers (l'arrière des cuisses) sont raides, pliez légèrement les genoux (voir médaillon). À mesure que vous pousserez les fesses vers le haut et que vous ancrerez les pieds dans le sol, vos jambes se tendront peu à peu. Si vous ressentez la moindre douleur dans le dos, pliez les genoux davantage ou posez les mains sur une chaise ou une étagère (voir p. 14).

7 Redressez-vous vertèbre par vertèbre et prenez la posture de **la Montagne**. Écartez les pieds de la largeur de vos hanches et ancrez-vous bien dans le sol. Rentrez le ventre. Respirez par le nez ; sentez votre souffle caresser l'arrière de la gorge.

8 Pour L'**Étirement des orteils**, amenez les mains devant vous à hauteur d'épaules, paumes vers l'avant, coudes contre le corps. Inspirez et haussez-vous sur la pointe des pieds. Expirez et redescendez. Faites l'exercice 5 fois.

z le sommet du
ne vers le haut.

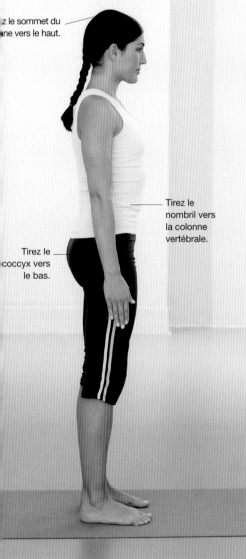

Tirez le nombril vers la colonne vertébrale.

Tirez le coccyx vers le bas.

Appuyez les mains contre un mur si vous perdez l'équilibre.

Tirez les talons vers le haut lorsque vous montez sur la pointe des pieds.

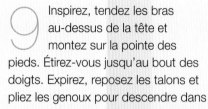

Les bras restent au-dessus de la tête.

9 Inspirez, tendez les bras au-dessus de la tête et montez sur la pointe des pieds. Étirez-vous jusqu'au bout des doigts. Expirez, reposez les talons et pliez les genoux pour descendre dans la posture de la **Chaise**.
Inspirez, tendez les jambes. Expirez, baissez les bras sur les côtés et ramenez-les le long du corps.

10 Entrelacez les doigts pour l'Étirement latéral debout. Inspirez, tendez les bras au-dessus de la tête, paumes vers le haut. Expirez, étirez-vous vers la droite, en appuyant fortement sur le pied gauche pour faire contrepoids. Inspirez, revenez au milieu. Répétez à gauche. Changez l'entrelacement de vos doigts (voir p. 65). Répétez 1 fois de chaque côté.

Appuyez dans le sol avec le pied opposé.

Torsion rythmée debout/ les bras de l'aigle

11 Écartez les bras pour les ramener le long du corps. Pliez légèrement les genoux, gardez les bras souples, puis tournez le tronc de droite à gauche. Les bras sont détendus et se balancent doucement d'un côté et de l'autre ; vos mains vont heurter votre corps à la fin de chaque mouvement. Respirez calmement tout en faisant cette **Torsion rythmée debout**.

12 Pour les **Bras de l'aigle**, levez le bras droit plié à 45° devant vous, et passez le bras gauche par-dessous pour placer les doigts gauches sur la paume droite. Approchez les pouces du nez en poussant en avant avec la main gauche et en arrière avec la droite.

Les bras sont détendus et se balancent doucement.

Les épaules sont basses, loin des oreilles.

>> Les bras de l'aigle,
accroupi/préparation au cheval

13 Expirez et descendez jusqu'à vous accroupir. Sentez votre poids se placer sur l'extérieur de vos pieds. Si vous avez du mal à vous accroupir, descendez aussi loin que possible, sans lever les talons. Inspirez et relevez-vous. Expirez et tendez les bras sur les côtés. Inversez les bras et redescendez. Inspirez et relevez-vous, puis ouvrez les bras pour les ramener le long du corps.

14 Placez-vous au milieu du tapis dans le sens de la longueur. Écartez les pieds et ouvrez-les à 45°. Inspirez, amenez les bras au-dessus de la tête, les paumes l'une contre l'autre.

Les genoux sont au-dessus des pieds

Les pieds sont un peu plus écartés que la largeur des hanches.

Tirez le coccyx vers le bas.

Les pieds sont ouverts à 45°.

15 Expirez pour descendre dans la posture du **Cheval**, en pliant les genoux au-dessus des orteils et en baissant vos mains le long de l'axe de votre corps en position de prière. Inspirez, poussez les pieds dans le sol pour allonger les jambes ; tendez les bras au-dessus de la tête tout en vous relevant. Gardez les paumes collées l'une contre l'autre. Faites 2 fois ce mouvement.

16 Inspirez, tendez les jambes et les bras sur les côtés à hauteur d'épaules. Tournez le pied droit en dehors et le pied gauche en dedans pour la posture du **Triangle**. Expirez, penchez-vous vers la droite, posez la main droite sur le tibia droit et levez le bras gauche au-dessus de votre tête. Inspirez, regardez votre gros orteil droit. Expirez, regardez devant vous. Restez pendant une ou deux respirations dans la posture, relevez-vous sur l'inspiration et répétez sur le côté gauche.

Amenez les mains en prière.

Les genoux sont alignés avec les pieds.

La paume de la main est tournée vers l'avant.

Les deux jambes sont actives et tendues.

Le genou est dans l'axe du pied.

>> Flexion avant/le guerrier 2

17 Revenez au milieu pour **la flexion avant jambes écartées**. Posez les mains sur les hanches. Inspirez, levez la tête. Expirez, penchez-vous en avant à partir des hanches et amenez les mains en avant au sol. Si besoin, pliez légèrement les genoux ou utilisez des blocs pour poser les mains (voir p. 15, en bas à gauche). Écartez un peu plus les pieds. Inspirez et regardez devant vous. Expirez, relâchez la tête, et amenez vos mains entre vos jambes. Inspirez et regardez devant vous. Expirez et ramenez les mains sur les hanches. Inspirez et redressez-vous.

Les pieds sont parallèles

Les mains sont alignées avec les épaules.

18 Tournez le pied droit vers l'extérieur en gardant le pied gauche en place. Vous êtes prêt pour le **guerrier 2** : expirez et pliez le genou droit pour l'amener au-dessus de la cheville. Tournez vos genoux vers l'extérieur pour bien ouvrir les hanches. La jambe gauche est puissante, bien tendue, jusqu'à la face externe du pied. Inspirez, tendez les bras à hauteur d'épaules, regardez votre index droit. Restez pendant quelques respirations dans la posture.

Les bras sont tendus à hauteur d'épaules.

Le mollet est à angle droit avec la cuisse.

Le genou est tourné vers l'extérieur.

19 Pour une version modifiée de l'**Étirement de l'angle latéral**, posez l'avant-bras droit sur le genou droit et la main gauche sur la cuisse gauche. Tournez le buste vers le haut. Regardez votre épaule gauche tandis que votre coude droit pousse votre genou droit vers l'arrière et que vous rentrez la fesse droite. Sentez l'étirement dans toute la jambe gauche tendue, jusqu'à la face externe du pied. Respirez calmement.

La jambe est bien tendue jusqu'à la face externe du pied.

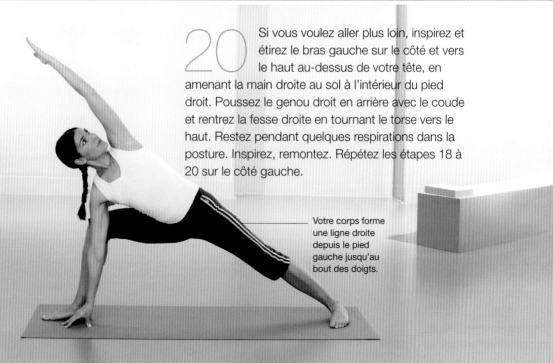

20 Si vous voulez aller plus loin, inspirez et étirez le bras gauche sur le côté et vers le haut au-dessus de votre tête, en amenant la main droite au sol à l'intérieur du pied droit. Poussez le genou droit en arrière avec le coude et rentrez la fesse droite en tournant le torse vers le haut. Restez pendant quelques respirations dans la posture. Inspirez, remontez. Répétez les étapes 18 à 20 sur le côté gauche.

Votre corps forme une ligne droite depuis le pied gauche jusqu'au bout des doigts.

>> Flexion avant debout/L'arbre

21 Inspirez et remontez. Ramenez les bras le long du corps et les pieds écartés de la largeur des hanches, en posture de la **Montagne**. Les mains sur les hanches, penchez-vous en **Flexion avant debout**. Attrapez vos coudes et relâchez le haut de votre corps. Prenez quelques respirations. Inspirez et regardez devant vous. Expirez et posez les mains sur les hanches. Inspirez, remontez et reprenez la posture de la **Montagne**, les bras le long du corps.

22 Joignez les pieds pour la posture de **l'Arbre**. Placez la plante de pied droite sur l'intérieur de la cuisse gauche. Amenez vos Mains en prière. Pour aller plus loin, inspirez et levez les bras au-dessus de la tête (voir médaillon) puis ramenez les mains en prière devant la poitrine. Reposez le pied droit, joignez les pieds et répétez sur la jambe droite. Si vous avez du mal à trouver l'équilibre, appuyez-vous à un mur.

Pliez légèrement les genoux si besoin.

Pressez le pied contre la cuisse, et la cuisse contre le pied.

Se renforcer

Calmer le mental, page 46

▲ **Le Crâne brillant** (*Kapalabhati*), page 46

▲ **Étirement diagonal 1**, page 47

▲ **La Planche sur les avant-bras**, page 47

▲ **Le Chien tête en bas**, page 48

▲ **Flexion avant debout**, page 48

Les Bras de l'aigle accroupi, page 52

▲ **Préparation au Cheval**, page 52

▲ **Le Cheval**, page 53

▲ **Le Triangle**, page 53

▲ **Flexion avant**, jambes écartées, page 54

▲ **Le Guerrier 2**, page 54

23 Placez une chaise ou un tabouret au bout du tapis.
Allongez-vous sur le dos devant la chaise, les
genoux contre la poitrine pour **détendre le dos**.
Attrapez les genoux. Expirez et pressez les genoux contre la
poitrine. Inspirez, relâchez. Répétez plusieurs fois.

Pressez les genoux
sur la poirine.

24 Pour la **Relaxation finale**, allongez les bras au sol
et posez les mollets sur la chaise ou le tabouret.
Vérifiez votre alignement et fermez les yeux. Pour
plus de confort, placez une couverture sous votre tête et un
masque sur les yeux. Détendez-vous pendant 2 à 5 minutes.

Allongez le cou.

Les épaules sont
détendues, loin
des oreilles.

Les paumes sont
tournées vers le haut.

Se renforcer >>

▲ **La Montagne**, page 49

▲ **Étirement des orteils**, page 49

▲ **La Chaise**, page 50

▲ **Étirement latéral debout**, page 50

▲ **Torsion rythmée debout**, page 51

▲ **Les bras de l'aigle**, page 51

Étirement de l'angle latéral, page 55

▲ **Étirement de l'angle latéral**, page 55. Répétez les étapes 18 à 20 sur le côté gauche.

▲ **Flexion avant debout**, page 56

▲ **L'Arbre**, page 56

▲ **Relaxation finale**, détendre le dos, page 57

▲ **Relaxation finale**, page 57

15 minutes **Bilan**

>> **Foire** aux questions

Cette séance est conçue pour améliorer l'équilibre et renforcer le corps dans son ensemble. Au début, peut-être trouverez-vous certaines postures difficiles. Augmentez votre force petit à petit et suivez les conseils ci-dessous. Avec la pratique, vous vous sentirez plus fort, plus grand, plus stable, et les tâches quotidiennes vous paraîtront plus faciles.

>> ### *Kapalabhati*, qu'est-ce que c'est ?

Cet exercice de respiration est un *kriya* (exercice de purification) ; il débarrasse les poumons de l'air vicié et permet d'inspirer plus d'air chargé d'oxygène, tout en nettoyant l'ensemble du système respiratoire. C'est un exercice merveilleusement revigorant et inspirant, qui clarifie le mental et améliore la concentration, d'où la traduction « crâne brillant ». Le mouvement du diaphragme aide aussi à mieux digérer. Avec la pratique, vous pourrez augmenter le nombre de cycles. Il arrive souvent qu'on ait des vertiges pendant ou après l'exercice ; reprenez alors une respiration normale.

>> ### Je n'arrive pas à trouver l'équilibre dans l'Étirement diagonal 1. Que dois-je faire ?

Vous aurez peut-être du mal à trouver l'équilibre au début. Il est très important de ne ressentir aucune douleur dans le bas du dos. Commencez par étirer seulement un bras en avant, puis l'autre, puis étirez une jambe en arrière, puis l'autre, en attendant de renforcer votre axe central ; vous vous sentirez alors capable d'étirer le bras et la jambe opposés en même temps.

>> ### Je trouve la Planche sur les avant-bras difficile ?

La Planche sur les avant-bras aide à développer les muscles de l'abdomen pour plus de stabilité, et renforce les bras, les épaules et la colonne vertébrale. Si vous avez du mal au début, contentez-vous de tenir la posture un instant, puis relâchez. Lorsque vous soulevez votre corps, poussez en arrière avec les talons et sentez les muscles des jambes se contracter autour des os. Gardez les épaules loin des oreilles et imaginez que votre nombril est attaché à une ficelle qui le tire vers la colonne vertébrale. Lorsque vos muscles se mettent à trembler, reposez-vous, puis recommencez. Essayez petit à petit de prolonger le temps dans la posture, et arrêtez si vous ressentez la moindre douleur dans le bas du dos.

Je me sens lourd, pas du tout à l'aise dans le Chien tête en bas, même en pliant les genoux. Aidez-moi !

Le Chien tête en bas est revigorant pour le corps tout entier, mais c'est une posture plus complexe qu'elle n'en a l'air. Elle exige un effort simultané des bras, des jambes, du torse, et elle étire et renforce tout le corps. Si vous trouvez le Chien difficile au début, commencez par le Demi-chien : posez les mains sur le siège d'une chaise placée contre un mur pour l'empêcher de glisser, cela vous permettra de tendre les jambes plus facilement ; poussez les fesses vers le haut tout en étirant l'arrière de vos jambes, jusqu'aux talons. Sentez les quadriceps tirer vers l'aine. Une fois que vous vous sentez à l'aise dans le Demi-chien, reprenez le Chien tête en bas, mais pliez les genoux pour ramener le poids dans les jambes (voir étape 5, p. 48). Poussez bien les fesses vers le haut et appuyez les talons vers le bas, en sentant l'étirement dans la colonne vertébrale. Pour vous aider à étirer l'arrière des cuisses, pliez une jambe tout en tendant l'autre, et alternez. Puis reprenez la posture complète (voir p. 25).

Qu'entendez-vous par « changez l'entrelacement de vos doigts » dans l'Étirement latéral debout ?

Dans l'étape 10, vos doigts sont entrelacés (avec les coussinets des doigts d'une main qui reposent sur le dos de l'autre main), les pouces croisés. Pour changer l'entrelacement, décalez les doigts d'un cran vers le pouce, pour que le pouce qui était dessus se retrouve dessous. Si vous débutez en yoga, vous remarquerez sûrement une grosse différence entre les deux positions, et la deuxième version vous semblera moins naturelle ; mais après un peu de pratique vous vous sentirez à l'aise dans les deux.

Comment faire pour ne pas tomber dans la posture de l'Arbre ?

L'Arbre est une posture d'équilibre qui ouvre les hanches et renforce les jambes. On l'enseigne très tôt aux débutants pour leur montrer à quel point ils sont instables et combien il est difficile de trouver l'équilibre. Si vous avez du mal à trouver l'équilibre, appuyez-vous dos à un mur et servez-vous du mur comme soutien, ou pratiquez à proximité d'une étagère contre laquelle vous rattraper si vous perdez l'équilibre (voir p. 15). Se concentrer sur un point fixe devant soi aide à garder l'équilibre. Si votre pied glisse contre votre cuisse, passez une sangle autour de votre cheville et attrapez la sangle avec la main. Si vous n'arrivez pas à monter le pied contre l'intérieur de la cuisse, placez-le simplement plus bas le long de votre jambe.

15 minutes

Retrouvez votre énergie,
apaisez le mental et
oubliez les tensions à la
fin d'une journée
frénétique et stressante.

S'énergiser >>
en début de soirée

>> **S'énergiser** en début de soirée

Après une longue journée de travail, cette séance vous donnera l'énergie nécessaire pour la soirée. En ouvrant les épaules et la poitrine et en mobilisant la colonne vertébrale, elle soulage les tensions provoquées par de longues heures passées devant votre bureau, et aide aussi à débarrasser le mental de tout ce qui l'encombre à la fin de la journée.

De même que toutes les séances dans ce livre, n'entreprenez pas les étirements les plus ambitieux tant que votre corps n'est pas prêt. Si vous ressentez une compression ou un pincement dans le bas du dos, contentez-vous des versions faciles. Certaines postures de cette séance peuvent vous sembler impossibles au début ; soyez patient et prenez le temps nécessaire pour pratiquer un nombre réduit de postures plus lentement, jusqu'à ce que vous ne ressentiez plus de douleur dans le dos, mais juste un bon étirement.

Les exercices

La séance commence avec une période de silence, qui permet au mental de se débarrasser des pensées de la journée. Sentez la fermeté du sol sous vos fesses : elle vous aide à vous ancrer dans le moment, et permet à la colonne vertébrale de s'allonger et au tronc de se libérer de toutes les tensions. Votre pouce et votre index se touchent : c'est un point de concentration pour votre mental dispersé, tandis que vous vous recentrez sur votre respiration. Si vous trouvez la respiration alternée (qui équilibre l'énergie) trop difficile, travaillez la position de la main dans la journée et commencez par un seul cycle, puis augmentez graduellement leur nombre.

Dans les postures à genoux, placez une couverture pliée derrière les genoux s'ils sont raides, ainsi qu'un bloc sous les fesses. Si vos chevilles vous font mal, une ou deux couvertures pliées sous les tibias ou une serviette roulée sous les chevilles vous soulageront.

Les exercices pour les bras permettent de soulager les raideurs et d'augmenter la souplesse dans les épaules. Imaginez l'énergie se propager le long de l'extérieur de votre corps et relâchez la posture si vous ressentez des douleurs aiguës dans les bras. Les postures travaillent ensuite la souplesse des hanches

> ## >> **Conseils pour** s'énergiser
>
> - **S'asseoir sur le sol** pour les exercices de respiration peut être difficile si vous débutez en yoga. Vous pouvez pratiquer debout ou assis sur une chaise, le dos bien droit.
>
> - **Dans toutes les miniflexions arrière,** vous ne devez ressentir aucune douleur dans le bas du dos. Sinon, reportez-vous à la p. 89.
>
> - **Dans l'Étirement des quadriceps,** le but est un fort étirement le long du dessus de la cuisse, mais diminuez l'intensité si vous éprouvez des douleurs dans les genoux ou le bas du dos. Efforcez-vous de garder les hanches parallèles dans l'étirement.

et des cuisses. Dans la Fente à genoux, placez un soutien sous le genou de derrière si nécessaire, pour vous permettre d'augmenter l'étirement graduellement, ce qui énergise les jambes et le bassin.

Augmenter la souplesse et renforcer le dos est le but final de la séance. Appréciez la sécurité de l'Étirement diagonal 2 jusqu'à ce que vous vous sentiez assez fort pour les flexions arrière plus ambitieuses, et apaisez le bas du dos par la posture de l'Enfant et les postures en torsion à la fin de la séance.

La Torsion vertébrale, énergisante, est un merveilleux antidote à une journée passée à être penché sur son bureau, et soulage les tensions dans le cou et le haut du dos tout en améliorant le maintien.

1 Asseyez-vous en tailleur pour pratiquer la **respiration alternée**. Posez les mains sur les cuisses, les paumes vers le haut. Appuyez le bout du pouce contre le bout de l'index en **chin mudra**. Fermez les yeux et écoutez votre respiration naturelle.

— Les yeux sont fermés.

— L'index et le pouce se touchent.

2 Pliez l'index et le majeur de la main droite pour que le pouce puisse boucher la narine droite, et serrez l'annulaire et l'auriculaire l'un contre l'autre pour boucher la narine gauche. Inspirez par les deux narines. Bouchez la narine droite et expirez par la narine gauche sur 4 temps. Inspirez par la narine gauche sur 4 temps, bouchez-la et expirez par la droite. Inspirez par la narine droite, bouchez-la et expirez par la gauche : c'est un cycle complet. Continuez 2 fois, puis reposez la main sur le genou et respirez normalement.

version **facile**

3 Agenouillez-vous et mettez les bras dans la posture de la **Tête de vache**. Placez le coude droit dans le dos, la main vers le cou. Montez le coude gauche près de l'oreille gauche et attrapez vos mains dans votre dos. Si c'est trop difficile, servez-vous d'une sangle (voir médaillon). Sentez que votre ventre rentre vers la colonne vertébrale pour soutenir le bas du dos. Restez pendant quelques respirations dans la posture. Relâchez les bras et répétez de l'autre côté.

4 Toujours à genoux, posez la pulpe des orteils au sol et restez assis sur les talons. Expirez, entrelacez les doigts et tendez les bras devant vous, paumes vers l'extérieur. Inspirez et montez les bras au-dessus de la tête. Il est normal que les orteils vous fassent un peu mal dans cette position, mais vous ne devez ressentir aucune douleur dans les genoux. Ne gardez la posture que quelques secondes au début.

La tête est droite.

Les coudes s'étirent à l'opposé l'un de l'autre.

L'abdomen est rentré vers la colonne vertébrale.

Les fesses sont posées sur les talons.

Les mains sont tendues vers le haut.

>> Posture à genoux 3/rotations des épaules

5 Expirez, relâchez les mains. Posez la main gauche sur la cuisse droite et la main droite derrière vous sur la fesse gauche. Tournez-vous vers la droite, inspirez, revenez au centre. Répétez les étapes 4 et 5 en changeant l'entrelacement de vos doigts et en vous tournant vers la gauche. Si vos orteils vous font souffrir, reposez les pieds à plat au sol et travaillez progressivement pour vous asseoir sur les talons.

6 Toujours à genoux, reposez les cous-de-pied à plat au sol. Inspirez et faites une rotation des épaules : amenez-les vers le haut et vers l'avant, puis expirez et ramenez-les vers le bas et vers l'arrière. Faites 3 fois dans ce sens, puis 3 autres fois en inversant : vers l'arrière et vers le haut sur l'inspiration, vers l'avant et vers le bas sur l'expiration.

Tournez le regard vers la droite.

Posez la main droite sur la fesse gauche.

Posez la main gauche sur la cuisse droite.

Cous-de-pied au sol.

7 Mettez-vous à quatre pattes, les mains alignées avec les épaules et les genoux alignés avec les hanches. Gardez le cou allongé et les épaules loin des oreilles. Sentez votre abdomen remonter vers la colonne vertébrale.

Tirez l'abdomen vers la colonne vertébrale.

Les genoux sont alignés avec les hanches.

Les mains sont alignées avec les épaules.

8 Avancez le pied droit entre les mains en **Fente à genoux**. Gardez le tibia droit perpendiculaire au sol. Si le genou gauche vous fait mal au sol, placez une serviette pliée dessous. Laissez les hanches descendre, et étirez encore plus la jambe gauche vers l'arrière.

Étirez la jambe vers l'arrière.

Les doigts sont posés au sol.

>> Fente à genoux/Le chien tête en bas

Les épaules sont basses et écartées.

9 Amenez les deux mains sur le genou droit. Expirez, augmentez l'étirement dans la cuisse gauche. Inspirez, placez les mains au sol devant le pied droit. Expirez et remettez-vous à quatre pattes. Répétez les étapes 8 et 9 sur la jambe gauche et terminez à quatre pattes.

Sentez un fort étirement dans le quadriceps.

Poussez les fesses vers le haut.

Gardez les jambes tendues si possible.

10 Inspirez, posez la pulpe des orteils au sol. Expirez, rentrez l'abdomen vers la colonne vertébrale et soulevez le bassin pour prendre la posture **Chien tête en bas**. Les bras et les jambes sont bien tendus. Tournez les épaules comme si vous vouliez que vos aisselles soient face à face. Tirez les fesses vers le haut et poussez les talons vers le bas et vers l'arrière. Votre respiration reste calme et égale.

Gardez les bras tendus.

11 Inspirez et remettez-vous à genoux. Expirez et allongez-vous sur le ventre, le front contre le sol, les bras tendus devant vous.

12 Expirez, soulevez et étirez le bras droit et la jambe gauche, levez légèrement la tête. Inspirez, reposez-les au sol. Faites 4 fois l'exercice en alternant les bras et les jambes. Assurez-vous de sentir l'étirement tout le long de la face interne de la jambe, jusqu'au talon. Lorsque vous tendez le bras en avant, gardez les épaules loin des oreilles.

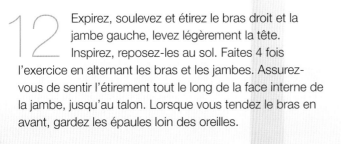

Les épaules sont loin des oreilles.

13   Reposez-vous : placez les bras le long du corps, paumes vers le haut au niveau des hanches, et tournez la tête sur le côté. Vos gros orteils se touchent, vos talons roulent sur les côtés. Fermez les yeux, concentrez-vous sur votre souffle, doux et calme.

Les gros orteils se touchent, les talons sont séparés.

14   Inspirez, posez le front au sol. Tendez les bras vers les orteils. Pressez fermement les pieds et les jambes contre le sol en expirant, et soulevez le nez, le menton, la tête et les épaules pour prendre la posture de la **Sauterelle**. Respirez calmement. Tant que vous ne ressentez pas de douleur dans le bas du dos, essayez d'aller plus haut. Inspirez et relâchez, puis répétez 1 fois.

Gardez le cou allongé.

Les pieds poussent contre le sol.

15 Si vous voulez travailler un peu plus, expirez et soulevez les jambes tendues en plus de la tête et des épaules. Tendez les bras vers les talons. Inspirez et revenez au sol. Répétez tant que vous ne ressentez aucune douleur dans le dos.

Tirez les bras vers les talons.

16 Reprenez la posture de Repos (voir étape 13) la tête tournée de l'autre côté. Pour l'Étirement des quadriceps, posez l'avant-bras gauche au sol face à vous. Levez la tête. Pliez la jambe droite et, la main droite appuyant sur le pied droit, poussez le pied vers le sol à l'extérieur de la hanche droite. Respirez calmement.

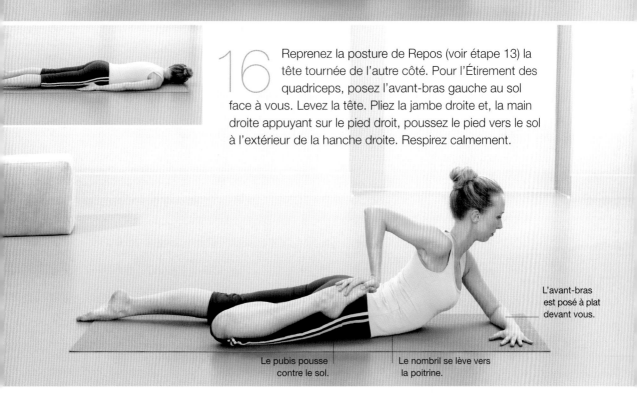

L'avant-bras est posé à plat devant vous.

Le pubis pousse contre le sol.

Le nombril se lève vers la poitrine.

>> Le demi-arc/le repos

17 Inspirez et déplacez la main droite, qui va saisir l'extérieur de la cheville droite pour le **Demi-arc**. Les deux hanches sont plaquées au sol. Expirez et soulevez la cuisse droite. Respirez calmement. Inspirez et relâchez. Répétez les étapes 16 et 17 avec la jambe gauche, puis allongez les deux jambes.

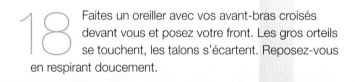

La cuisse gauche se soulève.   Les hanches restent au sol.

18 Faites un oreiller avec vos avant-bras croisés devant vous et posez votre front. Les gros orteils se touchent, les talons s'écartent. Reposez-vous en respirant doucement.

Les gros orteils se touchent.

version **facile**

19 Pour **l'Arc**, pliez les deux genoux et attrapez fermement vos chevilles derrière vous. Expirez et soulevez les cuisses. Inspirez et, tant que vous ne ressentez pas de douleur dans le bas du dos, levez les cuisses un peu plus haut sur l'expiration. Inspirez et revenez au sol. Si c'est trop difficile, utilisez une sangle (voir médaillon).

20 Amenez les mains sous les épaules, expirez et poussez les fesses vers les talons dans la posture de **l'Enfant**. Les talons sont écartés, les gros orteils se touchent. Posez le front au sol et sentez l'étirement des fesses vers les talons. Amenez les mains vers les talons, paumes vers le haut. Inspirez et sentez votre souffle aller vers le bas du dos. Expirez et relâchez les fesses en arrière et vers les talons. Respirez normalement.

Tournez les paumes vers le haut.

Posez le front au sol.

>> Torsion vertébrale

21 Inspirez, remontez vertèbre par vertèbre, la tête en dernier, jusqu'à être assis sur vos talons. Pour la **torsion vertébrale**, posez les fesses à gauche des talons et croisez la jambe droite sur la jambe gauche, pied à plat au sol. Posez votre coude gauche sur votre genou droit. Inspirez et grandissez-vous. Expirez et tournez le buste vers la droite. Inspirez et grandissez-vous. Expirez et tournez plus loin vers la droite.

La main droite est au sol derrière vous.

Les fesses poussent contre le sol.

version **facile**

22 Inspirez et revenez au centre. Répétez de l'autre côté. Si cette torsion est trop difficile, placez un bloc sous vos fesses et tendez la jambe au sol devant vous (voir médaillon). Inspirez et revenez au centre. Relâchez les jambes tendues devant vous.

Tournez aussi loin que possible.

Les doigts touchent le sol.

Le pied est à plat au sol.

23 Allongez-vous sur le dos, le corps en ligne droite. Placez le pied droit derrière le genou gauche. Attrapez la cuisse droite avec la main gauche et amenez le genou droit au sol sur votre gauche. Tournez la tête vers la droite, laissez votre bras droit détendu au sol et sentez l'étirement dans votre épaule et votre aisselle droites. Inspirez et revenez au centre. Détendez les jambes et répétez de l'autre côté (voir médaillon).

La tête est tournée vers la droite.

Le pied droit est derrière le genou gauche.

24 Inspirez et revenez au centre. Pliez les genoux, pieds à plat au sol, écartés de la largeur des hanches et parallèles. Soulevez la tête et regarde le long de votre ligne médiane pour vérifier votre alignement. Reposez la tête au sol et écartez les bras de votre corps. Tendez bien une jambe puis l'autre au sol. Fermez les yeux pendant 2 à 5 minutes. Vous pouvez placer une couverture pliée sous votre tête, un coussin sous vos genoux et un masque sur vos yeux pour plus de confort.

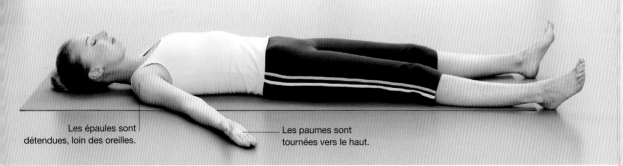

Les épaules sont détendues, loin des oreilles.

Les paumes sont tournées vers le haut.

S'énergiser
en début de soirée

>>

S'énergiser en début de soirée

▲ **Chin mudra**, page 70

▲ **Respiration alternée**, page 70

▲ **Posture à genoux 1**, tête de vache, page 71

▲ **Posture à genoux 2,** doigts entrelacés, page 71

▲ **Posture à genoux 3**, torsion, page 72. Répétez les étapes 4 et 5.

▲ **Rotations des épaules**, page 72

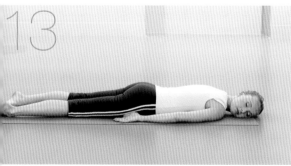

▲ **Le Repos,** page 76

▲ **La Sauterelle**, page 76

▲ **La Sauterelle/ Le Repos,** page 77

▲ **Étirement des quadriceps,** page 77

▲ **Le Demi-arc,** page 78. Répétez les étapes 16 et 17 avec la jambe gauche.

▲ **Le Repos**, page 78

15 minutes **Bilan**

>> **Foire** aux questions

Certaines des asanas de cette séance ont l'air faciles au premier abord, mais ne soyez pas découragé si vous n'arrivez pas à prendre la posture complète du premier coup. Vous retirerez quand même tous les bénéfices de l'étirement. Rappelez-vous que le yoga n'est pas un sport de compétition. Lisez les conseils suivants pour améliorer votre pratique et être plus à l'aise.

>> Qu'est-ce que *chin mudra* ?

Un *mudra* est un geste ou un « sceau » que l'on fait avec les doigts ou le corps. Le *mudra* le plus connu est *chin mudra*. Le bout du pouce et le bout de l'index se touchent pour représenter l'union du moi individuel et du moi divin. Les trois autres doigts sont tendus, et le dos de la main ou la paume est posé sur la cuisse ou le genou. C'est un point de concentration utile pour vous aider à rester dans le moment présent tout en faisant un exercice de respiration ou en méditant.

>> Que faire si je n'arrive pas à respirer par le nez dans la respiration alternée ?

La respiration alternée est censée calmer le mental et le système nerveux. On ne doit pas la pratiquer si on a un rhume ou le nez bouché. Si votre nez est légèrement bouché, prenez une respiration à la fois par le nez, puis respirez à nouveau par la bouche et recommencez. Vous pouvez aussi ouvrir vos narines en les tirant vers le haut avec les doigts. Ne forcez rien, n'appuyez pas trop fort.

>> Je trouve la Tête de vache particulièrement difficile. Des conseils ?

Nos épaules sont souvent très raides, mais cette posture peut aider à détendre les muscles tendus dans cette zone. Souvent, une épaule est plus raide que l'autre. Faites un mouvement de brasse, ramenez un bras le long du dos par en bas, en remontant doucement votre main le long de votre dos. Appuyez doucement le coude du bras du bas contre un mur pour remonter la main un peu plus haut. Si vos mains sont très loin l'une de l'autre, aidez-vous d'une sangle (voir version facile de la Posture à genou 1, p. 71) ; avec un peu de pratique, vous arriverez à attraper vos doigts.

▲ **À quatre pattes**, page 73

▲ **Fente à genoux**, page 73

▲ **Fente à genoux.** Répétez les étapes 8 et 9 sur la jambe gauche, page 74

▲ **Le Chien tête en bas**, page 74

▲ **Étirement diagonal 2**, page 75

▲ **Étirement diagonal 2**, page 75

▲ **L'Arc**, page 79

▲ **L'Enfant**, page 79

▲ **Torsion vertébrale**, page 80

▲ **Torsion vertébrale**, page 80

▲ **Torsion au sol**, page 81

▲ **Relaxation finale**, page 81

>> J'ai mal aux lombaires dans la Sauterelle. Que faire pour que cela cesse ?

Arrêtez immédiatement si vous ressentez la moindre douleur. Si vous êtes sensible au niveau des lombaires, insistez sur l'Étirement diagonal 2 (voir p. 75). Imaginez que vous ressentez une traction qui tire votre main vers l'avant et votre pied vers l'arrière. Sentez vos bras et vos jambes s'étirer et se renforcer. Poussez le pubis contre le sol. Respirez calmement. N'entreprenez la Sauterelle que lorsque vous ne ressentirez plus aucune douleur.

>> L'Étirement des quadriceps est douloureux. Est-ce que c'est normal ?

Des quadriceps courts et tendus rendent plus difficile de se pencher en arrière et font porter plus de pression sur les ischio-jambiers, à l'arrière des cuisses. C'est pourquoi il est important de les étirer doucement et régulièrement. Vous ressentirez souvent un picotement, mais c'est une douleur positive, vous pouvez continuer. Au début, si vos quadriceps sont si raides que vous ne parvenez pas à attraper votre cheville, placez une sangle autour de votre cheville et amenez le pied vers le bas à l'extérieur de la hanche. Si vous faites cet étirement régulièrement, vous sentirez la différence et vous vous rendrez compte que vous vous tenez plus droit. Au début, s'il vous est difficile de lever la tête, posez-la simplement sur le bras ou la main au sol.

>> Je ne suis pas à l'aise dans la posture de l'Enfant. Des conseils ?

Bien que cette posture n'ait pas l'air très confortable au premier abord, elle devient vite l'asana préférée de beaucoup, parce qu'elle apaise la respiration et aide à calmer le mental et le corps : c'est une solution facile pour se détendre profondément. Le secret consiste à trouver un moyen de laisser votre poids vous tirer vers le sol, tout en étant à l'aise. Si vous trouvez inconfortable de porter votre poids sur les jambes, placez une couverture pliée entre vos cuisses et vos mollets ; cela vous fera pencher en avant et vous permettra de vous détendre et de laisser tomber votre poids. Si vos fesses ne touchent pas vos talons, vous pouvez aussi placer une couverture pliée sous les fesses. À chaque expiration, sentez que vos fesses descendent petit à petit vers les talons ; finalement, vous arriverez à poser les fesses sur les talons. Si votre tête ne touche pas le sol, placez vos poings l'un sur l'autre et posez le front dessus.

15 minutes

Se relaxer >>

Sentez votre souffle devenir plus profond et plus calme en vous préparant à une bonne nuit de sommeil.

>> Se relaxer

Cette séance est conçue pour apaiser votre corps et votre mental, et pour vous préparer à un sommeil profond et réparateur. Si vous êtes toujours stressé à la fin, débarrassez-vous des dernières tensions en vous allongeant sur le dos, répétez l'Angle lié ou le Pont et voyez comme votre souffle devient plus calme, plus profond.

Si vous n'avez pas le temps de faire toute la séance, contentez-vous de vous allonger sur le dos pour la relaxation finale, et contractez puis détendez systématiquement chaque partie de votre corps l'une après l'autre. Commencez par les pieds et remontez le long des jambes, des fesses, des bras, des mains, de la poitrine et des épaules, pour finir par le visage. Cela enseigne à votre corps à abandonner son armure de tensions et vous aide à éloigner les pensées inutiles ou négatives.

Les exercices

Cette séance commence par des flexions avant qui calment le mental. Détendez-vous et laissez la gravité travailler pour vous sur l'expiration : imaginez qu'elle vous débarrasse des pensées et des soucis. Si vos genoux ne sont pas tendus et que vous avez du mal à garder le dos droit, asseyez-vous sur des blocs ou des couvertures pliées, ou placez-vous dos contre un mur et écoutez votre respiration. Si votre dos s'arrondit, placez une sangle autour du pied de votre jambe tendue en tenant chaque extrémité dans une main : sur l'inspiration, tirez sur la sangle pour redresser le dos ; sur l'expiration, penchez-vous en avant à partir des hanches, en essayant d'avancer les mains le long de la sangle vers votre pied. Ne forcez pas pour amener la tête plus bas : même si vous n'y arriviez jamais, cela n'aurait aucune importance. Au contraire, faites attention à garder le dos droit afin de renforcer les lombaires et d'étirer les ischio-jambiers ; placez un coussin sous la cuisse de la jambe pliée si votre genou ne touche pas le sol. Et si même cela vous semble trop difficile, allongez-vous sur le dos jambes croisées.

Pour détendre les lombaires après une flexion avant, allongez-vous sur le dos et ramenez les genoux sur la poitrine ; puis contractez les muscles du périnée en

> ## >> Conseils pour se relaxer
>
> - **Les flexions avant** sont plus faciles au début si vous placez une chaise devant vous pour poser le front sur le siège.
>
> - **Se pencher à partir des hanches** est essentiel dans les flexions avant. Si vous avez du mal, basculez le bassin en avant en plaçant des blocs sous vos fesses pour éviter que votre dos ne s'arrondisse.
>
> - **Pour le Pont**, assurez-vous que la hauteur sous vos fesses ne provoque pas d'inconfort, pour ne pas fatiguer votre dos. La tête et les épaules reposent au sol.

basculant le bassin sur l'expiration, et relâchez sur l'inspiration. Maintenant, essayez le Pont avec des blocs : allongé, la poitrine bien ouverte, l'extérieur des épaules et les bras au sol, posez des blocs sous les fesses et détendez-vous. Reposez peu à peu les lombaires au sol, en enlevant un bloc à la fois, puis laissez les torsions chasser les dernières tensions avant de vous détendre et de lâcher prise complètement dans la relaxation finale. Vous pouvez poser les mollets sur le siège d'une chaise ou placer un traversin sous vos genoux.

Vous apprécierez La posture en tailleur 2, qui vous procure un long étirement depuis la hanche jusqu'au bout des doigts, et qui dissout toutes les tensions de la journée.

version **facile**

1 Allongez-vous à plat sur le dos ; les plantes de pied se touchent et les genoux sont écartés au-dessus du sol pour **l'angle lié**. Vous pouvez placer un traversin sous le dos et une couverture sous les cuisses pour vous aider à bien ouvrir la poitrine (voir médaillon). Fermez les yeux et faites ce circuit avec votre souffle : inspirez, le souffle remonte le long de la colonne vertébrale jusqu'entre les sourcils pour nettoyer le mental ; expirez, le souffle descend le long de la colonne vertébrale jusqu'au bassin. Répétez.

Les plantes de pied sont l'une contre l'autre.

Les bras sont éloignés du corps, paumes vers le haut.

Si votre cou est raide, faites de petits cercles.

Les mains sont sur la taille.

2 Roulez sur le côté et asseyez-vous sur les talons. Placez les mains sur les hanches pour les **rotations du cou**. Imaginez que vous dessinez un cercle avec le sommet du crâne. Amenez le menton contre la poitrine. Inspirez en tournant la tête sur la droite puis en arrière. Expirez en tournant la tête sur la gauche puis en avant. Répétez, puis refaites 2 fois en sens inverse.

version facile

3 Asseyez-vous en tailleur. Poussez vers le bas et vers l'arrière avec les fesses et allongez le buste en avant au-dessus des cuisses. Posez les mains au sol devant vous. Sur chaque expiration, étirez-vous en avant avec les doigts et poussez vers le bas et vers l'arrière avec les fesses. Respirez calmement. Si vous avez du mal à vous pencher en avant, allongez-vous sur le dos, jambes croisées (voir médaillon).

Les épaules sont détendues, loin des oreilles.

Avancez les mains sur l'expiration.

4 Inspirez et redressez-vous. Posez la main droite au sol à côté de la hanche. Coude plié, épaules détendues, inspirez et amenez le bras gauche au-dessus de votre tête tout en vous penchant à droite. Expirez, sentez l'étirement dans le côté gauche. Inspirez et expirez, concentrez-vous sur l'étirement. Respirez calmement. Inspirez et revenez au centre. Répétez de l'autre côté.

Le cou est détendu.

Les deux fesses sont plantées dans le sol.

5 Inspirez et croisez les jambes dans l'autre sens. Étirez-vous à nouveau en avant, en poussant vos fesses vers le bas et vers l'arrière et en avançant peu à peu les doigts sur chaque expiration. Relâchez. Sur chaque expiration, laissez votre buste descendre vers vos cuisses pour ouvrir les hanches. Si vous avez mal aux genoux, poussez bien en arrière et vers le bas avec les fesses et avancez moins loin.

Avancez petit à petit sur l'expiration.

Poussez vers le bas et vers l'arrière.

6 Inspirez et remontez le buste. Placez la main gauche sur la cuisse droite et la main droite sur le sol derrière vous, puis tournez la tête et le torse vers la droite. Sur l'inspiration, grandissez-vous. Sur l'expiration, tournez plus loin vers la droite. Inspirez et revenez au centre. Répétez à gauche.

Tournez la tête et le torse vers la droite.

7 Tendez les jambes devant vous. Pliez le genou droit et placez le pied contre la face interne de la cuisse gauche. Si votre genou ne touche pas le sol, placez un soutien sous la cuisse. Gardez la jambe gauche bien tendue, orteils pointant vers vous. Inspirez, grandissez-vous et regardez devant vous. Placez le bout des doigts sur le sol derrière vous. Expirez et descendez le buste vers votre jambe gauche, puis posez les mains de chaque côté de la jambe (voir médaillon). Inspirez, remontez. Tendez la jambe droite et répétez.

Répartissez votre poids sur vos deux mains.

8 Inspirez et remontez. Tendez les deux jambes devant vous, orteils pointant vers vous. Placez les mains au sol derrière vous. Asseyez-vous bien droit. Grandissez-vous en poussant les fesses vers le bas. Si votre dos est sensible, asseyez-vous sur un support et passez une sangle autour de vos pieds pour vous aider à vous tenir droit.

>> # La pince/bascule du bassin

9 Avancez les mains de chaque côté de vos jambes, en vous penchant en avant à partir des hanches (voir médaillon). Répartissez bien le poids dans vos deux mains. Sur chaque expiration, descendez vers l'avant, jusqu'à attraper vos pieds.

Les jambes sont tendues.

10 Inspirez, remontez et allongez-vous sur le dos. Attrapez vos genoux et serrez-les contre la poitrine. Contractez le périnée et, en expirant, basculez le bassin vers le haut. Inspirez, relâchez. Répétez plusieurs fois.

Pressez les genoux contre la poitrine.

>> Le pont

11 Placez les pieds à plat sur le sol, écartés de la largeur des hanches, et posez les bras tendus vers les pieds. Expirez, montez lentement le bas du dos, vertèbre par vertèbre ; soulevez les hanches et la poitrine tout en ancrant vos pieds dans le sol (voir médaillon). C'est la posture du **Pont**. Maintenant, placez des blocs sous les hanches. Si vous avez mal au dos, mettez moins de blocs et allongez le coccyx vers les genoux.

Les pieds, les genoux et les jambes sont parallèles.

Les pieds sont à plat au sol.

La tête et les épaules restent au sol.

12 Toujours dans la même position, posez bien les hanches sur les blocs, soulevez la poitrine et plantez les pieds dans le sol. Si vous ressentez des douleurs dans le dos, enlevez un bloc. Pour aller plus loin, pliez le genou droit sur la poitrine, puis tendez la jambe droite vers le plafond. Le pied gauche reste planté au sol, les hanches sont à la même hauteur. Respirez normalement. Inspirez et ramenez le pied droit au sol, puis répétez avec l'autre jambe.

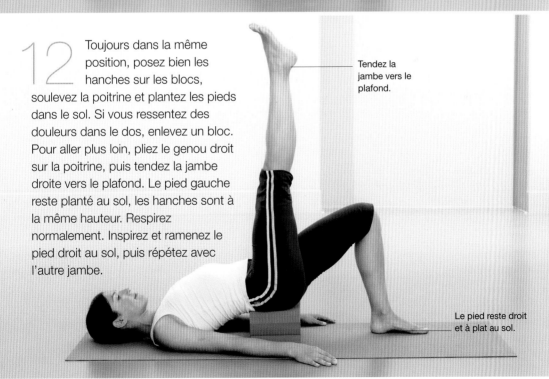

Tendez la jambe vers le plafond.

Le pied reste droit et à plat au sol.

>> Le pont/torsion au sol

13 Pour aller encore plus loin, pliez les deux jambes sur la poitrine et tendez-les vers le plafond. Vos hanches reposent fermement sur les blocs, votre poitrine s'ouvre vers le haut. Ramenez les pieds au sol. Soulevez les hanches et enlevez les blocs, puis reposez petit à petit le dos au sol. Pressez les genoux contre la poitrine.

Levez la poitrine.

Les hanches sont fermement appuyées contre les blocs.

14 Tendez les jambes pour la **Torsion au sol**. Pliez la jambe droite sur la jambe gauche et laissez descendre les deux jambes au sol sur votre gauche, en tenant la cuisse droite de la main gauche. Relâchez le bras droit sur le côté. Regardez votre épaule droite et, à chaque expiration, étirez un peu plus votre bras droit. Si vous ne touchez pas le sol avec le bras droit, posez-le sur un coussin pour vous aider à vous détendre. Inspirez pour revenir au centre. Répétez à droite.

Amenez les jambes au sol.

Le bras forme un angle de 45° avec le corps.

15 Préparez-vous pour la **relaxation finale**, les genoux pliés et les pieds à plat au sol. Placez les mains sous la tête et soulevez-la en vous aidant seulement des mains pour regarder le long de votre ligne médiane (voir médaillon). Reposez doucement la tête au sol. Écartez légèrement les bras du corps, paumes vers le haut. Tendez une jambe, puis l'autre.

Les épaules sont détendues, loin des oreilles.

16 Bras et jambes alignés et relâchés, détendez-vous. Vous pouvez mettre une couverture pliée sous la tête et une autre sur votre corps. Fermez les yeux. Vous allez maintenant contracter puis détendre chaque partie de votre corps, l'une après l'autre.

17 Inspirez, soulevez un peu la jambe droite.
Tendez-la, orteils pointés vers vous. Expirez,
laissez-la retomber au sol, détendue. Répétez
avec l'autre jambe.

Soulevez
la jambe.

18 Inspirez, soulevez les hanches et
contractez les fesses (voir médaillon).
Expirez, relâchez. Inspirez, soulevez la
poitrine et le dos, rapprochez les omoplates ; les
hanches et la tête restent au sol. Expirez, relâchez.

Soulevez la poitrine.

La tête reste au sol.

Les hanches restent au sol.

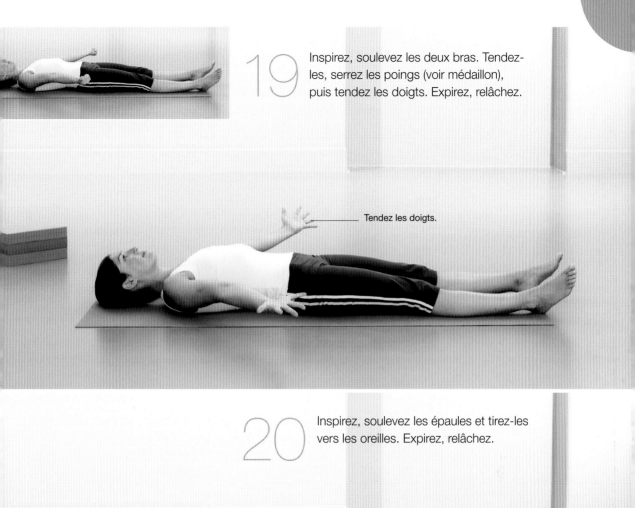

19 Inspirez, soulevez les deux bras. Tendez-les, serrez les poings (voir médaillon), puis tendez les doigts. Expirez, relâchez.

Tendez les doigts.

20 Inspirez, soulevez les épaules et tirez-les vers les oreilles. Expirez, relâchez.

Amenez les épaules près des oreilles.

>> Relaxation finale

21 Inspirez et contractez le visage vers le nez, comme si vous aviez mangé un citron (voir médaillon). Expirez, relâchez. Ouvrez grands les yeux, regardez vers l'arrière. Tirez la langue, et « rugissez ». Inspirez, relâchez.

22 Expirez, tournez la tête à droite, amenez la joue vers le sol. Inspirez, revenez au centre. Répétez sur la gauche.

Se relaxer

▲ **L'Angle lié,** page 94

▲ **Rotations du cou,** page 94

▲ **Posture en tailleur 1,** page 95

▲ **Posture en tailleur 2,** page 95

▲ **Posture en tailleur 3,** page 96

▲ **Posture en tailleur 4,** page 96

▲ **Le Pont,** page 100

▲ **Torsion au sol,** page 100

▲ **Relaxation finale,** page 101

▲ **Relaxation finale,** page 101

▲ **Relaxation finale,** soulever les jambes, page 102

▲ **Relaxation finale,** soulever les hanches et la poitrine, page 102

23 Relâchez tous vos muscles. Fermez les yeux et projetez votre conscience dans chaque partie de votre corps pour la relaxer, des orteils vers le front. Vous pouvez poser un masque sur vos yeux.

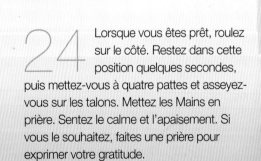

24 Lorsque vous êtes prêt, roulez sur le côté. Restez dans cette position quelques secondes, puis mettez-vous à quatre pattes et asseyez-vous sur les talons. Mettez les Mains en prière. Sentez le calme et l'apaisement. Si vous le souhaitez, faites une prière pour exprimer votre gratitude.

Se relaxer >>

▲ **Tête au genou**, page 97

▲ **La Pince**, assis et droit, page 97

▲ **La Pince**, page 98

▲ **Bascule du bassin**, page 98

▲ **Le Pont**, page 99

▲ **Le Pont**, page 99

▲ **Relaxation finale**, tendre les doigts, page 103

▲ **Relaxation finale**, hausser les épaules, page 103

▲ **Relaxation finale**, grimacer puis tirer la langue, page 104

▲ **Relaxation finale**, tourner la tête sur le côté, page 104

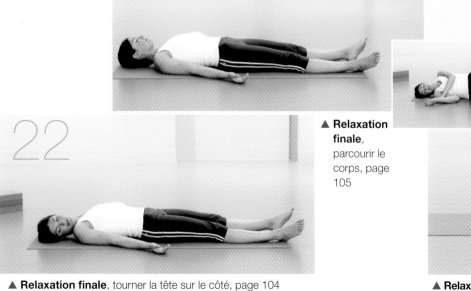

▲ **Relaxation finale**, parcourir le corps, page 105

▲ **Relaxation finale**, mains en prière, page 105

15 minutes **Bilan**

>> **Foire** aux questions

Se détendre vraiment après une journée stressante peut prendre du temps. Si vous n'arrivez pas à dormir, même après la relaxation finale, lisez les conseils ci-dessous. Certaines postures sont peut-être difficiles, particulièrement si vous avez les ischio-jambiers tendus ou le cou raide. Si c'est le cas, inspirez-vous des modifications et des suggestions ci-dessous.

>> Je sens un pincement quand je fais les Rotations du cou. Est-ce normal ?

Arrêtez cet exercice si vous sentez un pincement. Penchez plutôt la tête en avant sur l'expiration et revenez sur l'inspiration. Puis expirez en penchant la tête en arrière et inspirez pour revenir. Répétez. Tournez la tête loin vers la droite sur l'expiration et revenez sur l'inspiration. Répétez à gauche, puis une fois encore de chaque côté. Cet exercice présente l'avantage de pouvoir être fait n'importe où : à votre bureau, en regardant la télévision, en faisant la vaisselle. Quelques minutes par jour peuvent préserver l'élasticité du cou et prévenir d'éventuels problèmes.

>> Que faire pour assouplir mes ischio-jambiers trop tendus ?

Des ischio-jambiers trop courts vous empêchent de vous pencher en avant dans la posture de la Tête au genou et dans la Pince. Les ischio-jambiers sont les muscles longs et puissants situés sur l'arrière de la cuisse. Lorsqu'ils sont trop courts, ils mettent les lombaires en danger en empêchant le bassin de basculer lorsque vous vous penchez en avant : vous faites alors partir le mouvement des lombaires, et risquez la blessure. Pour étirer les ischio-jambiers, allongez-vous sur le dos, jambes tendues contre un mur (voir p. 14, en bas à droite). Si vos fesses ne touchent pas le sol ou que vous pliez les genoux, éloignez-vous du mur. C'est une posture très relaxante et agréable, qui draine les jambes et soulage les douleurs dans le dos. Si vous faites cet exercice 5 à 10 minutes par jour, en rentrant du travail ou lorsque vous êtes très fatigué, vous verrez très vite la différence. Allez doucement avec les ischio-jambiers : ne les étirez pas exagérément. Pour faciliter les flexions avant assises, placez un bloc sous vos fesses et passez une sangle autour de vos pieds pour vous aider à vous tenir droit.

>> Le périnée, qu'est-ce que c'est ?

Le périnée est constitué de bandes de muscles qui, chez les femmes, soutiennent l'urètre, le vagin et le rectum, et chez les hommes, le pénis, la vessie et le rectum. Pour le localiser, vous connaissez certainement l'exercice suivant : lorsque vous urinez, essayez d'arrêter l'écoulement ; les muscles que vous contractez sont ceux du périnée. Il est très important de muscler le périnée pour renforcer les muscles de l'abdomen. Les muscles du périnée doivent travailler efficacement avec les abdominaux et les muscles lombaires. Les entraîner régulièrement prévient les fuites urinaires, permet de préparer l'accouchement et de se remuscler après, et de résoudre les problèmes sexuels et érectiles. Vous pouvez vous entraîner n'importe où, assis à votre bureau ou dans votre voiture.

>> Je ne trouve pas l'avant-dernière posture de la relaxation finale très confortable. Comment être plus à l'aise ?

Si vous n'êtes pas à l'aise à plat dos sur le sol, posez les mollets sur une chaise (comme pour la relaxation finale de la séance « Se renforcer », p. 57). Vous pouvez placer un traversin sous les genoux et une couverture pliée sous la tête et les chevilles (voir p. 120, en bas). Si vous clignez des yeux, couvrez-les avec un tissu ou un masque. Si vous êtes enceinte, allongez-vous sur le côté.

>> Comment terminer la relaxation finale ?

Sortez lentement de la relaxation finale. Commencez par remuer les orteils et les doigts, puis les bras et les jambes d'un côté et de l'autre. Respirez plus profondément. Vous pouvez étirer les bras au-dessus de la tête. Puis roulez sur le côté et restez-y un petit moment, en vous servant de vos avant-bras comme d'un oreiller. Mettez-vous lentement à quatre pattes, à genoux, puis debout.

>> Je me sens malgré tout agité au moment du coucher. Que faire ?

Après une journée stressante, il est parfois très difficile de se détendre et de se débarrasser des tensions. Une fois au lit, contractez et détendez à nouveau chaque partie de votre corps. Vous pouvez aussi poser un masque sur vos yeux. Concentrez-vous sur votre souffle, qui doit être profond et venir de l'abdomen ; placez une main sur votre ventre et l'autre sur votre poitrine. À mesure que vous ferez du yoga, vous vous sentirez moins stressé. Essayez aussi de méditer pour oublier soucis et tensions (lisez les conseils p. 122).

15 minutes

Mieux connaître
le yoga >>

En savoir plus sur
l'histoire du yoga
et comment l'intégrer
à votre quotidien.

>> **L'histoire** du yoga

Le yoga s'est développé dans l'Inde de l'Antiquité, à la même époque que les Veda, il y a 4 000 ans. Aujourd'hui encore, il est essentiel, parce que le mode de vie et de pensée yoguique répond à des préoccupations modernes fondamentales, comme la santé, le bien-être, la spiritualité.

La racine sanscrite du mot « yoga », *yuj*, « joindre » ou « unir », permet d'expliquer la longévité de ce système, car c'est une philosophie qui nous montre comment résoudre le conflit et la dualité pour réunir le corps et le mental, l'individuel et l'universel. Cette union génère une paix intérieure, qui non seulement apporte la santé et le bien-être psychologique, mais révèle aussi la vérité spirituelle. Le *hatha yoga*, les exercices physiques et de respiration que ce livre expose, tire aussi son nom de l'union des contraires : on pense communément que le terme résulte de la réunion des mots « soleil », *ha*, et « lune », *tha*.

Vérités anciennes

Le yoga s'est perpétué grâce à une longue tradition orale : les pratiques propres au mode de vie yoguique ont été transmises de maître à disciple à travers les siècles. Il y a plus de 2 000 ans, le sage Patanjali aurait compilé les usages traditionnels dans les *Yoga Sutras*, un recueil d'aphorismes considéré généralement comme la source ultime du yoga classique. Les origines de Patanjali se perdent dans la légende, mais on pense qu'il était médecin, érudit, grammairien du sanscrit et yogi.

Dans les *Yoga Sutras*, Patanjali décrit la voie pratique du yoga et ses 8 « membres » qui amènent le pratiquant au but ultime du yoga, un sentiment de paix intérieure et de communion (voir l'encadré page suivante). Les 8 « membres » sont constitués de recommandations éthiques qui contribuent à construire une société viable (ne pas voler, dire la vérité) et de pratiques personnelles qui permettent une vie de droiture (de la propreté à la dévotion religieuse). Parmi ces « membres » on

Sri T. Krishnamacharya est mort à l'âge de 101 ans ; il est pour beaucoup le « père du yoga moderne ». Ce sont certains de ses disciples qui ont popularisé le yoga en Occident.

trouve la pratique des postures physiques du yoga, les asanas, et des exercices de respiration, le *pranayama*. Les premières sont recommandées pour apaiser le corps afin qu'il puisse rester assis pour méditer ; les seconds permettent d'assurer un apport constant de *prana,* ou énergie subtile. C'est la voie que les yogis suivent encore aujourd'hui.

Gourous modernes

Le yoga a fait son entrée dans l'ère moderne et s'est largement répandu au-delà des frontières de l'Inde grâce à Sri T. Krishnamacharya (1888-1989), qui ouvrit une école de yoga pour garçons dans le palais du maharadjah de Mysore, l'actuel Karnataka, en Inde du Sud, des années 1920 aux années 1950. Ainsi, il fit redécouvrir à un large public en Inde l'art presque oublié du yoga.

Parmi les élèves de Krishnamacharya se trouvaient des garçons qui allaient populariser le *hatha yoga* de Patanjali en Occident. Depuis son centre de Pune, en Inde, B.K.S. Iyengar (né en 1918) a développé une forme de yoga qui correspond à l'intérêt occidental

Swami Sivananda était médecin, puis a renoncé à la médecine pour la voie spirituelle. Dans son ashram de Rishikesh, il a formé au yoga et à la philosophie de nombreux disciples exceptionnels.

>> « Les 8 membres du yoga de **Patanjali** »

Les 5 premiers « membres » ci-dessous sont pratiqués ensemble et mènent aux 3 derniers.

- **1 Les *yamas***, règles de conduite en société, nous incitent à être sincères, à ne pas faire de mal, ne pas voler, ne pas envier…

- **2 Les *niyamas***, règles de conduite individuelles, recommandent certaines pratiques purificatrices et des austérités spirituelles.

- **3 Les *asanas***, postures physiques auxquelles nous associons le yoga, ne sont qu'une partie de la voie, et visent à rendre le corps stable et le mental équilibré.

- **4 Le *pranayama***, exercices de respiration, permet de maintenir la force vitale en mouvement constant.

- **5 Le *pratyahara***, exercices qui soustraient consciemment les sens à leurs objets, favorise la tranquillité.

- **6 Le *dharana***, techniques qui cultivent la concentration en un seul point, nous amène à la septième étape.

- **7 Le *dhyana***, la concentration ininterrompue ou méditation, nous amène à la dernière étape.

- **8 Le *samadhi*** est un sentiment d'unité et de paix.

pour le corps, et a mis au point une formation de professeur qui permet de s'assurer que son approche serait largement pratiquée dans le monde. À Mysore, Sri K. Pattabhi Jois (né en 1915) poursuit une approche plus athlétique qui est devenue le yoga *ashtanga vinyasa*, tandis que le fils de Krishnamacharya, T.K.V. Desikachar, s'est inspiré de la pratique plus tardive de son père pour mettre au point le *viniyoga* : des séances de yoga thérapeutique sur mesure. La première étudiante de Krishnamacharya, qui fut aussi son premièr étudiant occidental, Indra Devi (1899-2002), participa de même à l'expansion du *hatha yoga* dans le monde, notamment en Chine, en Russie et en Amérique du Sud.

Swami Sivananda (1887-1963) a quant à lui choisi une voie plus imprégnée de spiritualité à Rishikesh, dans le nord de l'Inde, où les disciples venaient étudier la voie du yoga. L'un d'eux, Swami Vishnou Devananda (1927-93), a quitté l'Inde pour San Francisco dans les années 1950 : la forme de yoga qu'il enseignait inspire aujourd'hui l'une des plus importantes écoles de yoga dans le monde.

>> **Adapter** son style de vie

Le style de vie yoguique se construit autour de cinq principes : relaxation correcte, exercice physique correct, respiration correcte, alimentation correcte, pensée positive et méditation. Voici quelques façons de les intégrer à votre quotidien pour vivre plus simplement.

Nul besoin de se retirer au sommet d'une montagne ou de quitter la ville pour vivre sa vie selon des principes yoguiques. La manière la plus simple de les intégrer à votre vie est d'abandonner une attitude consumériste face à la vie, et de faire plus attention à la planète et à tous ceux qui la peuplent ; laissez cette dernière attitude pénétrer la façon dont vous travaillez, dont vous jouez, vous mangez, vous faites vos courses : cela vous aidera à hiérarchiser vos priorités.

Intégrez le yoga dans vos activités de tous les jours. Asseyez-vous en Lotus pour travailler sur votre ordinateur ou pour regarder la télévision.

Mener une vie plus détendue

Se détendre signifie plus que de réserver un petit moment à la méditation ou à un massage (bien que ce soient là des aspects essentiels pour destresser) : cela consiste à trouver un style de vie qui vous permet de vous épanouir et de passer du temps avec ceux que vous aimez dans des endroits qui vous inspirent. Si vos engagements actuels font que vous passez la journée à travailler et à courir d'un endroit à un autre, vous avez besoin de faire le point pour simplifier votre vie. Pouvez-vous trouver un emploi à temps partiel, plus flexible, ou pouvez-vous travailler chez vous ? Une fois les nécessités satisfaites, cherchez comment introduire des activités plus relaxantes dans votre journée. Réservez des plages de temps pour écouter de la musique, regarder des films qui vous inspirent et lire des livres importants ; gardez dans votre voiture un CD que vous aimez pour pouvoir chanter ; faites un week-end ou un séjour de yoga ; et, surtout, réservez du temps chaque jour pour vous asseoir simplement en silence et ne rien faire.

L'« exercice physique correct » n'est pas seulement ce que vous faites pendant un cours de yoga ; il s'agit d'utiliser vos muscles et vos articulations pour ce pour quoi ils ont été conçus (c'est-à-dire plus que pour aller de la voiture au siège de bureau au canapé). Rendez votre vie plus active en choisissant de marcher dès que possible plutôt que d'utiliser les transports, et faites des pauses au travail pour vous étirer. Assurez-vous que les activités que vous appelez « de loisir » vous font suffisamment bouger, comme jardiner, se promener ou danser.

Apprendre la « respiration correcte » se fait bien sûr grâce aux exercices de *pranayama*, mais ce pilier de la

>> Qui êtes-vous ?

- **« Vous êtes ce que vous pensez »**, nous enseigne le yoga : quelles sont les pensées qui vous occupent, comment influencent-elles vos réactions aux évènements et aux gens ?

- **Respectez-vous vous-même** pour apprendre à respecter les autres. Prenez conscience des remarques négatives que vous vous faites, et apprenez à les remplacer par des affirmations positives (voir p. 120).

- **« Êtes-vous un ami véritable ? »** demande le yoga. Pensez que vous pouvez devenir le genre de personne que vous aimeriez avoir comme ami.

- **Êtes-vous créatif ?** Le yoga nous encourage à mener des activités créatives pour garder le mental alerte.

Au travail et à la maison, il y a de nombreuses façons d'être plus actif : exercez vos jambes tout en téléphonant ou faites votre réunion lors d'une promenade.

pratique yoguique nous encourage aussi à prendre conscience de notre souffle dans les situations de tous les jours. Ramenez la conscience vers votre souffle, particulièrement si vous vous sentez anxieux (voir p. 122), et voyez comme il ralentit et devient plus profond. Résultat : votre mental est plus calme lui aussi.

Nous sommes ce que nous mangeons

Une alimentation riche en aliments sattviques, pleins de vitalité, comme les fruits frais de saison, les légumes et les céréales, apporte au corps vitamines et minéraux, calme le mental et apaise les émotions. Mais ce que nous mangeons a aussi une dimension éthique qui peut nourrir l'esprit. S'alimenter de produits locaux de saison permet de réduire les longs trajets voraces en carburant qui ont un effet néfaste sur la planète, et choisir des aliments issus du commerce équitable et des produits de petits fournisseurs près de chez nous permet à la façon dont nous nous alimentons de refléter les principes yoguiques.

Honorez les origines des aliments en les cuisinant avec soin, et en les partageant avec ceux que vous aimez, et rendez grâce avant de manger.

>> **Pensée** positive

Les deux derniers principes du style de vie yoguique, la pensée positive et la méditation, nous encouragent à examiner notre façon habituelle de réagir et à entraîner le mental à réagir de façon plus bénéfique pour le bien-être et la paix intérieure. Vous trouverez des conseils simples pour la méditation et la respiration détendue à la page 122.

Si vous vous sentez joyeux et plein d'énergie positive, vous vous rendrez compte que cela a un effet bénéfique sur les gens que vous croisez ; et lorsqu'on rit, la vie semble moins dure : le corps, et notamment les systèmes immunitaire et nerveux, fonctionne mieux. Avec le yoga, il est possible de transformer les pensées négatives en pensées positives. Ses méthodes douces commencent par nous montrer comment prendre conscience de nos préférences actuelles. Essayez de passer 1 ou 2 minutes au réveil à observer comment vous vous sentez. Votre verre est-il à moitié plein ou à

moitié vide ce matin ? Une fois cette information obtenue, ne vous jugez pas, cela pourrait provoquer toute une chaîne de pensées négatives, ainsi que de la haine envers vous-même. Réfléchissez plutôt à la façon dont cela conditionnera les réactions de ceux que vous croiserez dans la journée. Sentez-vous responsable de vous-même, et de la façon dont votre comportement

Pour plus de confort dans la posture de relaxation, placez un masque sur les yeux, un traversin ferme sous les genoux, et un coussin sous la nuque et les chevilles.

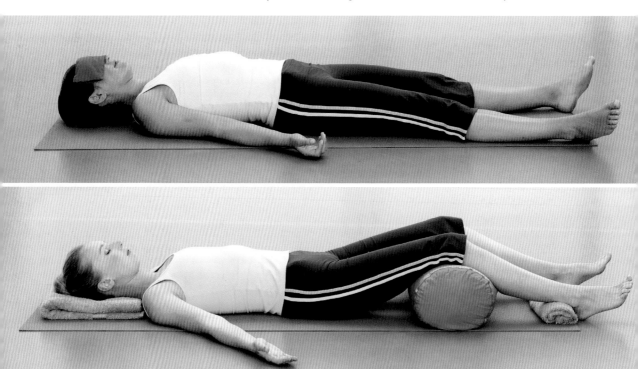

influence votre futur et la vie de ceux que vous croiserez aujourd'hui. Puis encouragez avec douceur votre mental à être aussi ouvert que possible aux choses positives. Répéter une affirmation (une déclaration positive au présent et à la première personne), à la façon d'un mantra, pourra vous y aider. Choisissez des mots qui vous mettent de bonne humeur et vous aident à chasser l'anxiété. Par exemple : « Je me sens ouvert et heureux » ou bien « Je me sens prêt à réagir aux défis de la journée de façon détendue et positive ».

La posture de relaxation

Passer du temps dans les postures de relaxation que propose le yoga soutient vos efforts vers une attitude plus positive ; lâcher prise sur son corps et sur ses pensées dans la posture finale de relaxation n'est pas réservé à la fin du cours de yoga. Adoptez la posture chaque fois que vous voulez combattre la négativité ou que vous avez besoin de vous chouchouter : allongez-vous sur le dos, jambes écartées, les bras légèrement éloignés du corps, paumes vers le haut, et les doigts détendus formant une coupe (ci-contre en haut). Selon le yoga, le mental est plus serein et équilibré lorsque le corps est symétrique et au repos. Si vous êtes enceinte, couchez-vous sur le côté, avec des coussins pour soutenir le dos et la jambe du haut. Pour arriver plus vite à un état de relaxation

Prenez le temps de vous détendre pendant la journée. Pas besoin de se mettre obligatoirement en posture du Cadavre : assis sur vos talons, détendez-vous quelques minutes, le haut du corps posé sur des coussins, pour entretenir équanimité et positivité.

profonde, mettez un masque sur les yeux, et laissez son poids vous fermer les yeux et vous encourager à soustraire vos sens des objets extérieurs.

Bien que cette posture de relaxation positive semble facile, elle est notoirement difficile à maîtriser, puisqu'elle exige non seulement de garder immobile toutes les parties du corps, mais aussi de se tourner vers l'intérieur, vers le « mental singe », qui saute d'une pensée dispersée à l'autre et peut se complaire dans la négativité. Il peut aussi être tentant de se laisser simplement dériver : c'est une expérience très fréquente quand on commence le yoga. Ne vous faites pas de reproches. Si vous pratiquez régulièrement cette posture de relaxation, de 5 à 20 minutes chaque jour, votre corps sera plus rapidement à l'aise, et votre mental demeurera à la fois plus détendu et plus alerte à mesure que vous deviendrez un observateur détaché qui observe son corps et son souffle s'apaiser. Vous aurez alors un mental paisible, naturellement joyeux, calme, qui vous aidera à surmonter les situations stressantes et à amener plus de vibrations positives dans le monde.

>> **Méditation**

La méditation aide à atteindre l'harmonie intérieure et extérieure, à se sentir vivant et en paix. Une fois que vous aurez pris l'habitude de méditer, elle fera partie de vous. Observer son souffle (*pranayama*) vous aide à rester concentré et à savoir quelles limites ne pas dépasser dans votre pratique.

Utilisez la méditation pour nettoyer votre mental. Nous nettoyons notre corps, nos dents, nos vêtements, notre intérieur, mais nous ignorons souvent notre moi intérieur, comme s'il n'existait pas. Cela demande de la discipline et ce n'est pas facile, mais, comme pour tout le reste, il faut de la pratique pour récolter les bénéfices.

Comment méditer

Consacrez du temps à la méditation chaque jour. Il est bon que ce soit toujours au même moment de la journée : dans l'idéal, tôt le matin ou le soir, mais choisissez un moment qui convient à votre style de vie. Essayez de méditer tous les jours au même endroit. Trouvez un coin tranquille chez vous, où vous pourrez créer une atmosphère paisible. Allumez une bougie, ou placez sous vos yeux un vase de fleurs ou la photo de quelqu'un qui vous inspire.

Vous pouvez méditer assis sur une chaise ou par terre, comme cela vous convient. Si vous méditez assis sur une chaise, choisissez-en une confortable, asseyez-vous le dos droit, sans vous appuyer au dossier. Posez fermement les pieds au sol, les mains sur les cuisses. Vous pouvez vous agenouiller ou vous asseoir en tailleur sur le sol. Choisissez une position et n'en changez plus pour toute la durée de votre méditation. Pour garder le dos droit, placez des coussins sous les fesses.

Réglez un minuteur et asseyez-vous calmement ; observez votre souffle, répétez un mot ou visionnez une image de façon continue. Soyez patient avec vous-même, car ce n'est pas aussi facile qu'il y paraît. Ne soyez pas trop ambitieux pour commencer. Choisissez une durée raisonnable et contentez-vous de vous asseoir, avec toutes vos pensées, vos inconforts, et retournez constamment à votre souffle, à votre mantra ou à votre vision. Restez immobile même si vous ressentez de l'inconfort, une douleur, une démangeaison, l'envie de bouger ; revenez à votre point de concentration chaque fois que vous vous rendez compte que vos pensées vagabondent. Lorsque le minuteur sonne, même si vous avez envie de méditer plus longtemps, arrêtez-vous là, et répétez la séance chaque jour, en progressant peu à peu jusqu'à 30 minutes de méditation 1 ou 2 fois par jour. Après 1 mois de méditation régulière, vous remarquerez que vous êtes plus calme et que votre vie vous semble plus spacieuse.

Le *pranayama*

Votre meilleur ami en yoga est votre souffle. Lorsque vous pratiquez, vous devez toujours garder un œil sur votre souffle. Les gens qui commencent le yoga respirent souvent de façon très superficielle. En prendre conscience est un premier pas significatif. Il faut laisser le souffle aller et venir librement tout en exécutant les postures. En tant que débutant, vous n'avez pas à contrôler le souffle, simplement à apprendre à le connaître tel qu'il est. Si le souffle devient difficile et irrégulier, cela veut dire que vous forcez. Observer son souffle permet aussi de contrôler et de concentrer le mental pour l'empêcher de vagabonder vers les objets du quotidien pendant que vous pratiquez. Votre souffle peut aussi guider votre mental vers les parties du corps qui ont besoin d'une attention spéciale, et avec le temps vous apprendrez à soulager tensions et blocages à l'aide du souffle.

Méditez dans un environnement confortable et relaxant. Asseyez-vous en tailleur, sur une chaise ou à genoux, et placez les mains dans votre giron ou sur vos cuisses.

Index

Remerciements

Remerciements de l'auteur

Merci à tous ceux qui ont rendu ce projet possible : Helen Murray, mon éditrice, qui m'a toujours encouragée, et Anne Fisher, la conceptrice du projet, qui en a fait quelque chose de si beau ; Ruth Jenkinson, pour ses magnifiques photos ; toute l'équipe de Chrome Productions, particulièrement Gez, Hannah et Sami pour le DVD. Qu'aurais-je fait sans Susan Reynolds et Tara Lee, les modèles, qui ont été superbes, et si encourageantes en coulisse ? Merci aussi à Penny Warren et Mary-Clare Jerram pour avoir eu l'idée de ce projet, ainsi qu'à toute l'équipe de DK, qui a permis de le mettre sur pied. Un grand merci à Rebekah Hay Brown, Anna Blackmore et Anne Manderson, qui répondaient toujours au téléphone et étaient prêtes à venir jeter un coup d'œil au moindre signe de ma part. Sans oublier tous les élèves à qui j'enseigne, qui me donnent tant de joie et qui m'apprennent tellement. Enfin, merci à mon merveilleux mari, Richard Brown.

Remerciements de l'éditeur

Dorling Kindersley remercie la photographe Ruth Jenkinson et ses assistants, James McNaught et Vic Churchill ; la marque sweatyBetty qui a prêté les vêtements de yoga ; Viv Riley des Studios Touch ; les modèles Tara Lee et Susan Reynolds ; Roisin Donaghty et Victoria Barnes pour la coiffure et le maquillage ; Claire Tennant-Scull pour la correction des épreuves et Hilary Bird pour avoir fait l'index en un temps record. Un grand merci à YogaMatters, qui ont prêté les tapis de yoga et les autres accessoires. Et merci à Susannah Marriott pour son aide éditoriale experte.

Crédits photographiques

L'éditeur voudrait remercier les institutions suivantes pour avoir donné la permission de reproduire leurs photos : Krishnamacharya Yoga Mandiram : 116 ; Centres Sivananda de Yoga Vedanta : 117.
Toutes les autres images © Dorling Kindersley
Pour plus d'informations voir www.dkimages.com

Louise Grime

Louise Grime enseigne le *hatha yoga* à Londres, au centre triyoga à Primrose Hill et à Soho, ainsi qu'à The Life Centre, à Notting Hill Gate. Elle a commencé le yoga avec Silvia Prescott et Penny Neild-Smith, qui étaient parmi les premiers professeurs de yoga Iyengar à Londres, en 1978. Depuis, elle a fait plusieurs séjours dans l'un des ashrams Sivananda au Kerala, en Inde, où elle a suivi la formation de professeurs et la formation avancée de professeur. En 1994, Louise a obtenu un diplôme de professeur de yoga Iyengar à Londres, puis a rencontré Shandor Remete, qui lui a fait découvrir le shadow yoga. Dans les années 1990, elle a pratiqué le yoga ashtanga vinyasa avec John Scott. Louise s'intéresse beaucoup aux traditions spirituelles orientales et occidentales, ainsi qu'à la méditation. Lorsqu'elle enseigne, elle aime incorporer la philosophie du yoga à ses cours. Elle est l'un des enseignants de la formation de professeur niveau 1 de The Life Centre. Louise a aussi travaillé comme journaliste, gérante de restaurant, et régisseuse au théâtre et à la télévision.

Notes

Notes